Lernprofi Deutsch

1.–4. Klasse

Ravensburger Buchverlag

So funktioniert dieses Buch

Mit diesem Übungsbuch wiederholst du wichtige Lernthemen im Fach Deutsch von der ersten bis zur vierten Klasse. Das Besondere dabei: Du kannst selbst bestimmen, wie schwer die Aufgaben sein sollen, die du üben willst. Und das geht so:

Beginne immer jedes Kapitel bei Start. Bearbeite beide Seiten. Hier wiederholst du in einfachen Aufgaben, was du aus der Schule kennst. Wenn der Platz auf der Seite nicht reicht, arbeite in einem extra Übungsheft. Deine Ergebnisse kontrollierst du mit der roten 

Jetzt kannst du entscheiden, wie du weiterüben willst:

Level 1 enthält mittelschwere Aufgaben zum Thema.
Level 2 enthält schwierigere Aufgaben zum Thema.

Ab der 2. Klassenstufe endet jedes Thema mit einem Test. Bearbeite den Test, wenn du denkst, dass du alles verstanden hast. Nach dem Test darfst du „Lehrer spielen“ und selbst korrigieren. Die Lösungen sind jeweils am Ende einer Klassenstufe, einen entsprechenden Seitenverweis findest du bei den Tests.

Danach gibt’s ein bisschen Spaß. Auf den farbigen Mach-mit!-Seiten kannst du rätseln, knobeln, spielen und schmunzeln. Lege unser Übungsbuch anschließend bis zum nächsten Tag zur Seite.

Am Ende jeder Klassenstufe findest du ein Buch zum Selbstbasteln. Hier findest du Spielideen (Klasse 1) bzw. wichtige Regeln zum Nachschlagen sowie Tipps zum Weiterüben (Klasse 2–4). Lies dir vorher unbedingt die Bastelanleitung durch.

Deutsch, 1. Klasse

Wahrnehmung

1 Schau dir die Bilder gut an. Sprich die Wörter zu den Bildern deutlich. Suche dir nun ein Wort aus und sprich es stumm, indem du nur deine Lippen deutlich bewegst.
Dein Partner muss raten, welches Wort du gesprochen hast.
Dann sucht er sich ein Wort aus und spricht es stumm.

2 Schau dir nun die Lippen der Kinder an.
Welches Bild passt zu dem Laut, den sie sprechen? Verbinde.

3 a) Sieh dir zusammen mit deinem Lernpartner die Anlauttabelle auf Seite 55/56 an. Erkennst du alle Bilder? Schneide die Tabelle aus und lege sie neben dein Lernbuch. Suche darin die folgenden Bilder und sprich die Wörter dazu deutlich.

b) Welcher Buchstabe gehört zu dem Anfangslaut der Bildpaare? Schreibe ihn auf die Linie.

4 Karlo hat in seinem Zimmer je einen Gegenstand, der mit einem A, einem E, einem I, einem O und mit einem U beginnt. Finde die Dinge und kreise sie ein.

Wahrnehmung

1 Sprich die Wörter zu den Bildern langsam und deutlich. Welchen Laut hörst du am Anfang? Sieh nun in der Anlauttabelle nach und schreibe den richtigen Anfangsbuchstaben in das Kästchen. Die Buchstaben ergeben von links nach rechts immer ein Lösungswort.

P

2 An welcher Stelle im Wort hörst du den Laut?
Kreuze an, ob er am Anfang, in der Mitte oder am Schluss steht.

A

B

M

T

3 Sprich die Wörter deutlich und klatsche ihre Silben mit.
Male dann Silbenbögen in die Kästchen darunter.

Wahrnehmung

1 Wie viele Silben haben die Wörter? Sprich sie deutlich und klatsche dazu. Schreibe sie dann in das passende Haus.

2 Welche Silbe passt zu welchem Bild?
Lies, sprich genau und verbinde.

Na-

Tas-

Ho-

Ha-

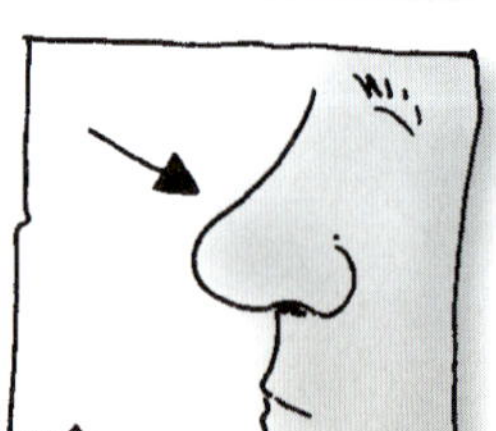

3 Lies den Spruch Zeile für Zeile. Kreise alle M/m ein.

Mama
Mama mixt
Mama mixt mit
Mama mixt mit meinem
Mama mixt mit meinem Mixer
Mama mixt mit meinem Mixer Marmelade.

4 a) Kennst du Zungenbrecher? Lies diese hier gemeinsam mit deinem Partner. Nun sprecht ihr euch die Sprüche abwechselnd vor. Wer kann es, ohne sich zu verhaspeln?

Fischers Fritz fischt frische Fische.
Frische Fische fischt Fischers Fritz.

Blaukraut bleibt Blaukraut und Brautkleid bleibt Brautkleid.

Karlos Konfetti kann Knochen krachend knabbern.

b) Erfinde einen eigenen Zungenbrecher mit dem Anfangsbuchstaben deines Vornamens. Schreibe ihn auf die Linien.

Mach mit!

► **Für zwei oder mehr Sachensucher**
Suche dir einen Gegenstand im Zimmer und überlege, mit welchem Buchstaben er beginnt. Sage dann:
„Ich sehe was, was du nicht siehst, und das fängt mit ‚B' an."

> Achten Sie darauf, dass Ihr Kind den Lautnamen nennt – also wirklich nur /B/, nicht /BE/.

► Auch für das „Flüsterspiel" brauchst du einen oder mehrere Spielpartner. Dein Spielpartner schließt die Augen. Du entfernst dich ein wenig von ihm und flüsterst deutlich den Namen eines Gegenstandes, den du im Zimmer sehen kannst. Jetzt muss dein Partner den Begriff nennen. Und danach tauscht ihr natürlich die Rollen.

► Male die Felder des Schneckenhauses in folgender Reihenfolge an:

Blau Gelb Grün Rot und immer so weiter.

Welche Farbe hat das innere Feld der Schnecke?

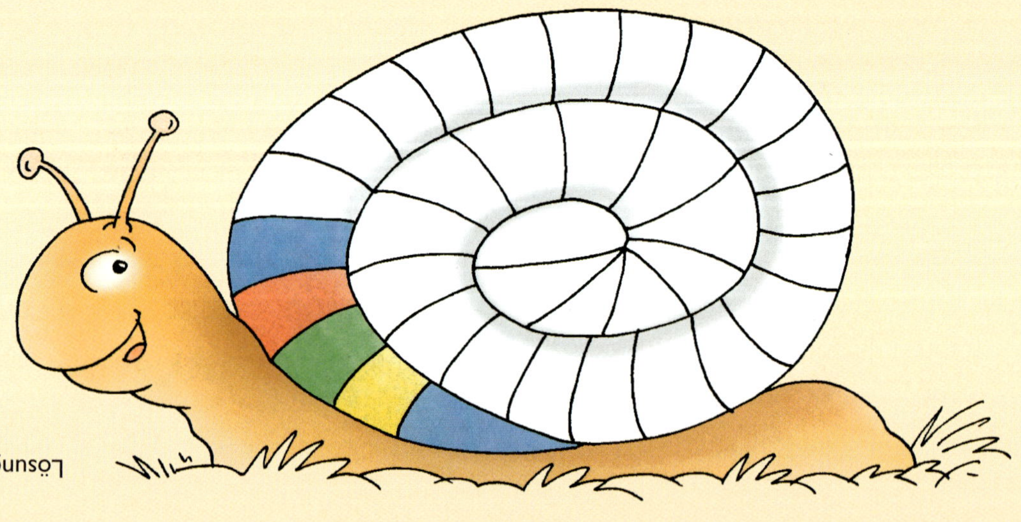

Lösung: rot

- Spiele einmal Wattepusten.
  Dazu brauchst du: einen Wattebausch, einen Tisch und einen Spielpartner.
  Stellt euch gegenüber an den Tisch und legt den Wattebausch in die Tischmitte.
  Und jetzt wird kräftig gepustet. Gewonnen hat, wer als Erster den Wattebausch vom Tisch gepustet hat.

- Und jetzt wird's tierisch bewegt. Suche dir ein Tier aus und nenne den Laut, mit dem sein Name beginnt.
  Nun bewege dich wie dieses Tier. Deine Spielpartner sollen erraten, welches Tier du spielst.

- Lege dich bequem auf den Boden oder auf das Sofa.
  Schließe dann die Augen und höre genau, welche Geräusche du im Haus und von draußen wahrnimmst.
  Erzähle deinem Lernpartner davon.

S

Wortschatz

1 Schau dir mit einem oder mehreren Spielpartnern die Bilder gut an. Sprecht die Wörter zu den Bildern reihum deutlich und merkt euch, welche Dinge ihr seht. Ein Mitspieler deckt nun einen Begriff mit einem kleinen Stück Papier ab, während alle anderen wegschauen. Wem fällt ein, welcher Gegenstand nicht mehr zu sehen ist?

2 Was kann man mit den Dingen oben machen? Zeigt reihum einen Gegenstand und findet abwechselnd passende Tunwörter dazu.

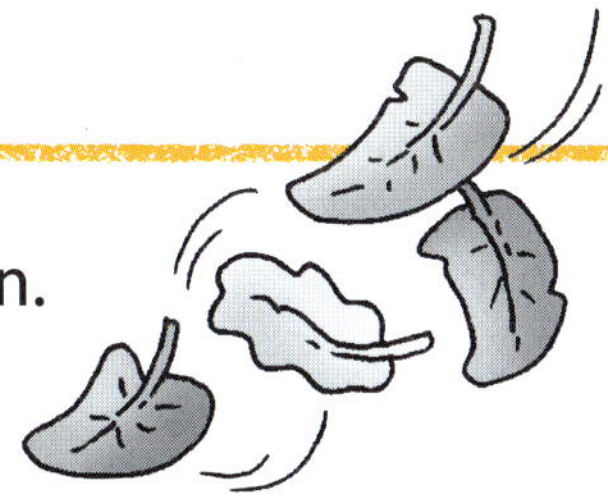

3 Zwei Bilder zeigen jeweils Wörter, die sich reimen.
Finde die Reimpaare und verbinde sie.

4 Welches Wort in der Zeile reimt sich nicht mit den anderen?
Streiche es durch.

Wortschatz

1 Betrachte die Bildausschnitte genau und beschreibe deinem Lernpartner, was du siehst. Welches Teil von welchem Tier kann das sein? Kreuze dann das richtige Wort zum Bild an.

☐ Kuh ☐ Maus

☐ Katze ☐ Hund

☐ Pferd ☐ Schwein

☐ Ente ☐ Huhn

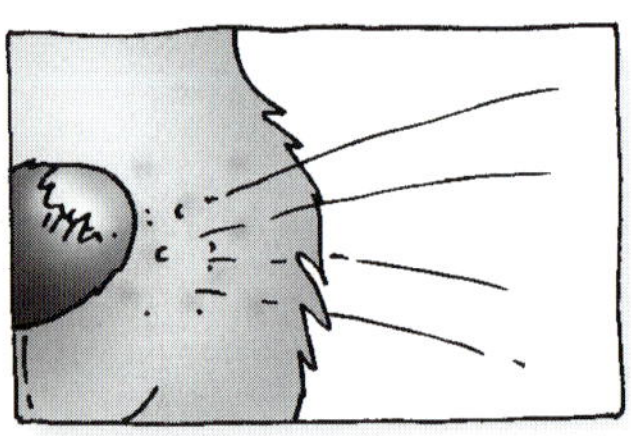

☐ Fisch ☐ Katze

☐ Pferd ☐ Ferkel

☐ Spinne ☐ Igel

☐ Affe ☐ Schaf

2 Wörter verwandeln sich.
Setze die richtigen Buchstaben ein.

T ☐ N N E

T ☐ N N E

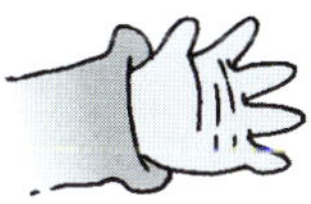

H ☐ N D

H ☐ N D

H ☐ H N

H ☐ H N

[redacted]

3 Ordne jedem Wort seinen Begleiter zu und schreibe ihn auf die Linien.

der die das

_______ Buch – _______ Bach

_______ Schüssel – _______ Rüssel

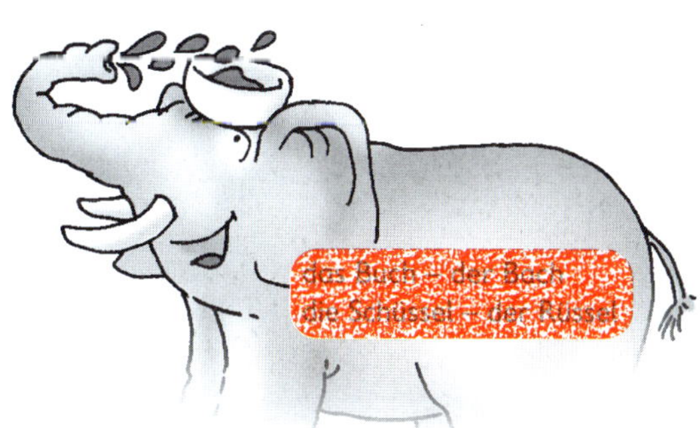

[redacted]

2 Wortschatz

1 a) Wie sind die abgebildeten Dinge? Kreuze an und sprich mit deinem Lernpartner darüber.

	rund	klein	süß	schnell

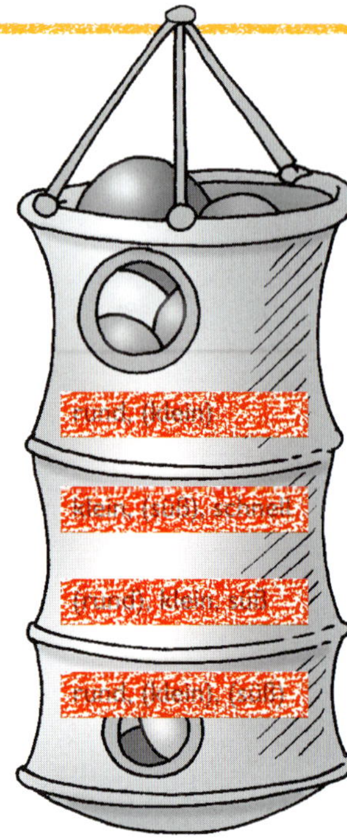

b) Stimmt das? Kreuze *ja* oder *nein* an.

		ja	nein	
	hell			[redacted]
	klein			[redacted]
	heiß			[redacted]
	hart			[redacted]
	lustig			[redacted]

2 Schreibe die Gegensätze auf die Linien.

rund – ______________ klein – ______________

süß – ______________ schnell – ______________

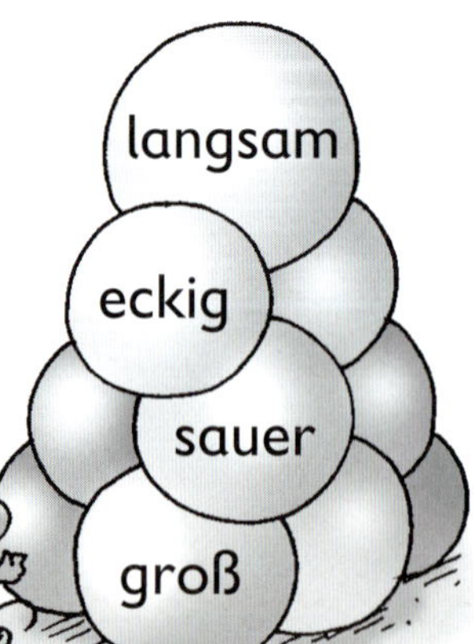

3 Was ist kein Spielzeug? Streiche die falschen Wörter durch und schreibe sie auf die Linien.

der Ball	der Tisch	die Milch
die Puppe	die Banane	der Baustein
der Roller	die Uhr	

____

____

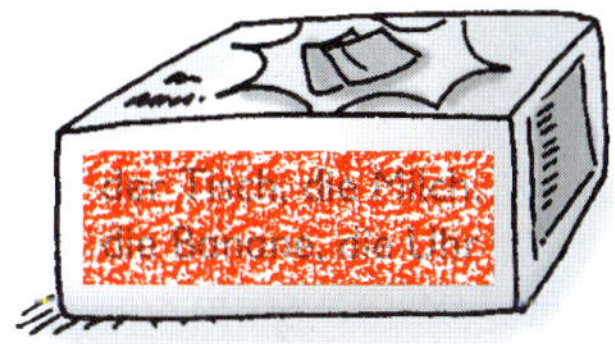

4 Ordne die Wörter richtig zu.

die ~~Hose~~ – das Pferd – die Wurst – der Vogel – das Brot – das Hemd

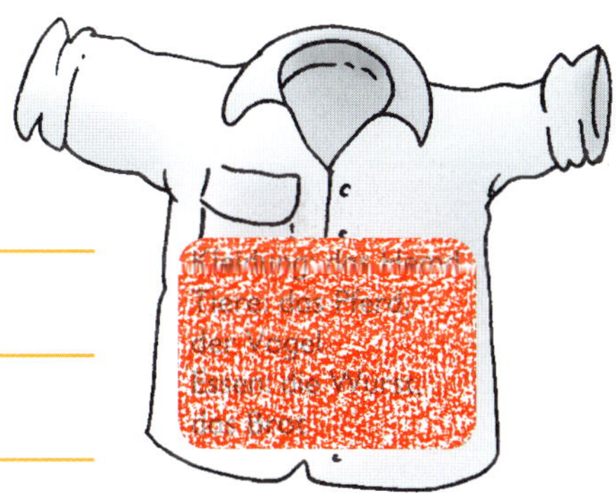

Kleidung: *die Hose,* ______________________

Tiere: ______________________

Essen: ______________________

5 Immer der letzte Buchstabe des Wortes zeigt dir, mit welchem Buchstaben das neue Wort beginnt. Setze die Kette fort.

Tor – Nase – Dino – ~~Sonne~~ – Rad – Ofen – ~~Elefant~~

Sonne – Elefant – T ______________________

____

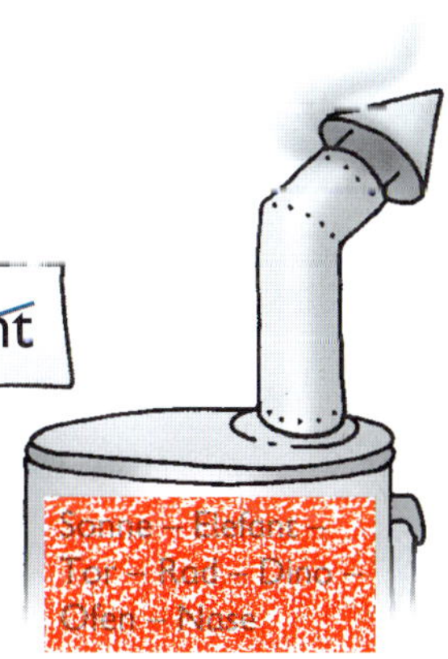

Mach mit!

► Was möchtest du in dem Sack verstecken?
Male deinen geheimen Gegenstand hinein,
ohne dass dein Spielpartner es sehen kann.
Beschreibe nun deinen Gegenstand genau, z. B.:
*„Mein Gegenstand ist rund.
Ich kann ihn zum Spielen benutzen."*
Errät dein Partner, was in deinem Sack steckt?

► Ihr könnt natürlich auch Gegenstände in einem richtigen Säckchen verstecken. Dazu braucht ihr ein kleines Säckchen, das man oben mit einer Kordel zuziehen kann. Darin versteckst du mehrere Gegenstände, beispielsweise einen kleinen Ball, eine Spielfigur, einen Würfel o. Ä. Dein Spielpartner soll nun fühlen, was in dem Säckchen steckt und es ganz genau beschreiben.

► Was haben die Kinder in den Säcken versteckt?
Schreibe die Buchstaben in die Kästchen mit
der passenden Farbe.

► Spiele mit einem oder mehreren Spielpartnern.
Male deinem Partner eine einfache Figur auf den Rücken,
etwa einen Baum, ein Gesicht, ein Haus. Errät er,
was du gemalt hast? Danach bist du mit dem Raten dran.

► Erkunde mit deinem Spielpartner
dein Zuhause oder deinen Garten.
Legt gemeinsam ein Ziel fest und schätzt einmal,
wie viele Schritte ihr bis dahin braucht.
Wie viele Schritte braucht ihr bis in die Küche?
Oder wie viele bis zum nächsten Blumenbeet?
Wer hat am genauesten geschätzt?

Kommunikation

❶ Was kippt Xaxo, der Außerirdische, aus dem Korb? Benenne die Dinge.

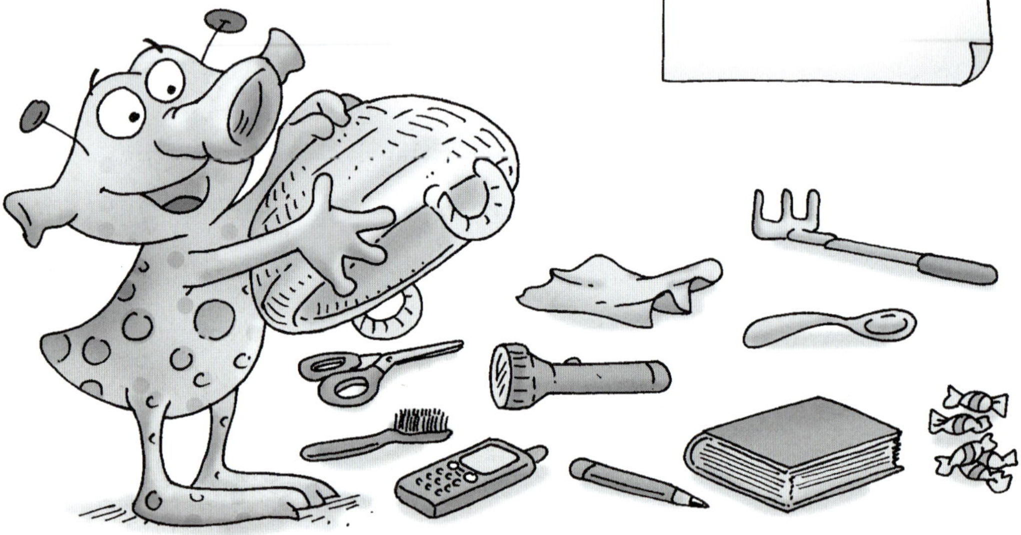

❷ Xaxo beschreibt Karlo, was er sieht. Spiele mit deinem Lernpartner „Xaxo und Karlo“. Wie beschreibt Xaxo wohl die anderen Dinge im Einkaufskorb? Und wer errät am schnellsten, was gemeint ist?

3 Karlo zeigt seinem außerirdischen Freund, wo die Menschen zur Schule gehen. Betrachte das Bild und sprich mit deinem Lernpartner darüber. Erfinde Namen für die Personen.

4 Über einen im Schulhaus muss sich auch Karlo wundern. Wer gehört normalerweise nicht in die Schule? Wo ist er sonst?

5 Was machst du in der Schule am liebsten?

Kommunikation

1 a) Karlo hat verschiedene Koffer gepackt. Sprich mit deinem Lernpartner darüber, was in welchem Koffer ist.

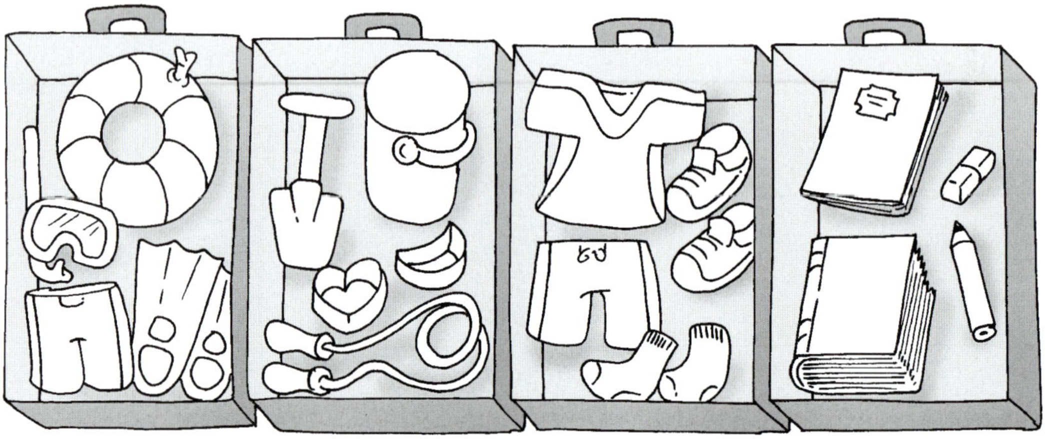

b) Wann nimmt Karlo welchen Koffer mit?

Karlo möchte …
… in die Schule gehen.
… auf den Spielplatz gehen.
… ins Schwimmbad gehen.
… zum Sport gehen.

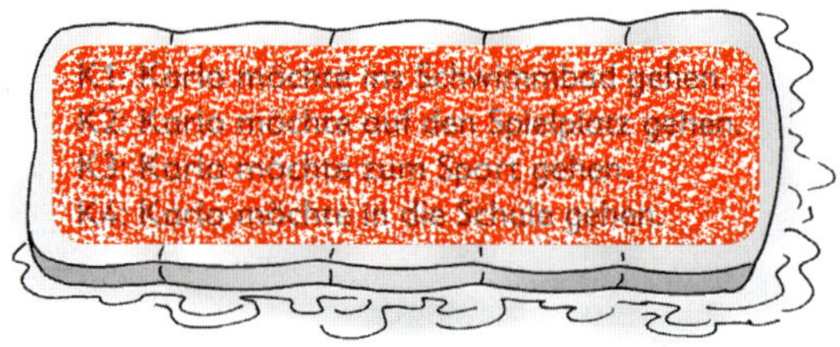

c) Mit welchem Koffer würdest du gerne losgehen? Warum?

2 Lies die Wörter unten und male das Bild im passenden Koffer oben an:

3 a) Betrachte die Bilder gemeinsam mit deinem Lernpartner. Erzählt abwechselnd die Geschichte von Karlo und Konfetti auf dem Spielplatz. Was passiert wohl am Ende?

b) Male dein Ende auf. Warum soll es so ausgehen?

4 Ist dir so etwas auch schon einmal passiert? Erzähle deinem Lernpartner davon.

2 Kommunikation

1 a) Schau dir die Bilder an. Wie verbringt Konfetti seinen Tag? Erzähle es deinem Lernpartner.

b) Lies die Sätze und schreibe jeden Buchstaben zum richtigen Bild bei Aufgabe 1a.

- **E** Konfetti schläft tief.
- **A** Konfetti frisst.
- **S** Konfetti wacht auf.
- **H** Karlo und Konfetti lösen Rätsel.
- **R** Karlo und Konfetti gehen spazieren.
- **C** Konfetti liest ein Buch.
- **P** Konfetti gräbt im Garten.

c) Jetzt kannst du ablesen, was Karlo und Konfetti mögen:

die | 1 | 2 | 3 | 4 | 5 | 6 | 7 |

2 Wie verläuft dein Tag? Erzähle deinem Lernpartner davon. Frage auch ihn: *„Was machst du morgens/mittags/abends?"*

3 Hier siehst du ein paar Straßen der Stadt, in der Karlo und Konfetti wohnen. Sprich mit deinem Lernpartner darüber, was ihr sehen könnt. Für welches Gebäude stehen wohl die Symbole?

4 Konfetti und Karlo haben noch einiges zu erledigen. Sie gehen immer am Treffpunkt los. Schau auf ihre Zettel, wohin sie gehen wollen. An welchen Gebäuden kommen die beiden vorbei? Finde verschiedene Wege.

[illegible]

[illegible]

5 Wohin gehst du oft? Welchen Weg musst du dorthin nehmen? Was machst du dort? Sprich mit deinem Lernpartner darüber.

Mach mit!

► Spiele mit deinem Lernpartner oder Freunden *Karlo geht einkaufen.*

Fange an: „Karlo geht einkaufen."
Dein Lernpartner fragt: „Warum geht Karlo einkaufen?"
Du antwortest: „Weil er eine Zitrone braucht."
Dein Lernpartner fragt: „Warum braucht er eine Zitrone?"
Du antwortest: „Weil er Zitronenkuchen backen möchte."
Dein Lernpartner fragt: „Warum möchte er Zitronenkuchen backen?"

Dein Lernpartner fragt dich also immer, „warum" Karlo etwas macht – und du musst dir eine gute Begründung dafür ausdenken. Wem geht zuerst die Puste aus?

► Spiele einfache kleine Theaterstücke mit deinen Händen. Dazu bemalst du zwei oder mehrere Finger mit verschiedenen Figuren. Zum Beispiel mit einem Kasper, einem Räuber, einem Mädchen, einer Fee …
Dann spiele mit diesen ein Theaterstück. Du kannst auch mit einem Partner spielen.

► Hast du dir das Gesicht deines Spielpartners schon einmal richtig angesehen? Schau ihm genau ins Gesicht und ziehe eine Grimasse. Rümpfe zum Beispiel die Nase, forme mit den Lippen ein „O“ oder ziehe die Stirn kraus. Dein Spielpartner soll diese Grimasse möglichst genau nachmachen. Dann tauscht ihr die Rollen.

► Schaue einmal aus dem Fenster. Kannst du eine Wolke sehen? Wohin diese wohl auf der Reise ist? Schließe die Augen und ziehe mit der Wolke weiter. Was siehst du alles von oben? Male es auf und erzähle deinem Lernpartner davon.

► Überlege gemeinsam mit deinem Spielpartner, was alles *leise* ist.

- Ein Schmetterling fliegt von Blume zu Blume.
- Schnee fällt.
- Eine Katze schleicht um die Ecke.
- Blumen wiegen sich im Wind.
- ____________________

Spiele etwas davon pantomimisch, also nur mithilfe von Bewegungen vor. Errät dein Spielpartner, worum es sich handelt?

Grammatik

1 Kreuze an: der, die oder das?

	der	die	das
 Pferd			
 Tasse			
 Buch			
 Baum			
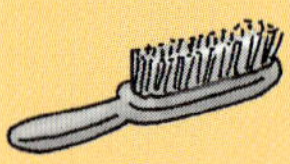 Bürste			
 Haus			
 Mond			
 Auto			
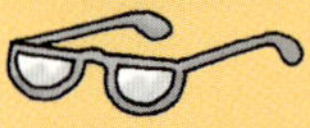 Brille			
 Hund			
 Blume			
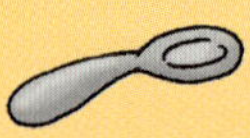 Löffel			
 Bild			

2 Sieh dir das Suchbild genau an. Wie viele von den Dingen kannst du finden? Trage die Anzahl jeweils in das Kästchen ein und streiche Einzahl oder Mehrzahl durch.

	~~Blume~~		Baum
10	Blumen		Bäume
	Mond		Stern
	Monde		Sterne
	Haus		Igel
	Häuser		Igel
	Tor		Ball
	Tore		Bälle

3 Verbinde die Mehrzahl-Reimwörter.

Grammatik

1 Setze die Silben richtig zusammen und trage sie in die passenden Zeilen ein.

ein Paket – viele Pakete

eine Kette – viele ________

ein Pilz – viele ________

ein Traum – viele ________

ein Besen – viele ________

eine Schaufel – viele ________

eine Maschine – viele ________

ein Bild – viele ________

2 Bilde mündlich Sätze mit deinem Lernpartner.

strickt

kocht

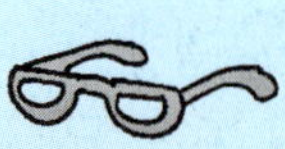
liest

Nudeln.

ein Buch.

einen Schal.

3 Bitte deinen Lernpartner, dir die kurze Geschichte vorzulesen. Höre genau zu und klopfe immer auf den Tisch, wenn du einen Fehler bemerkst. Sage dann, wie es richtig heißen müsste.

Im Zoo ist viel los

Karlo und Konfetti gehen heute in den Zoo. Zuerst gehen sie zu den Enten. Diese bellen, so laut sie können. Karlo wirft ihnen etwas Futter in den Teich und weiter geht es zu den Löwen. Der große Löwe schnattert gewaltig. Das ist Konfetti zu laut. Er möchte zu den Ziegen. Ein kleines Zicklein grunzt nach seiner Mutter. Von nebenan hören Karlo und Konfetti eine Schlange brüllen. Ein Hund zischt Konfetti an. Jetzt hat Konfetti genug. Er läuft geschwind an den meckernden Schweinen vorbei und zieht Karlo nach Hause.

4 Verbinde die passenden Wörter. Bilde dann daraus Sätze in der Einzahl und schreibe sie auf.

Pferde	piepen
Bären	wiehern
Mäuse	brummen

Das Pferd wiehert. Der Bär

Grammatik

1 In Konfettis Buch findest du Tunwörter. In Karlos Zeitung stehen Namenwörter. Setze passende Wörter zusammen.

trinken + Becher = Trinkbecher

[redacted]

2 In jeder Zeile lässt sich ein langes Wort bilden.

Tasche – Lampe – Knopf

[redacted]

Katze – Futter – Napf

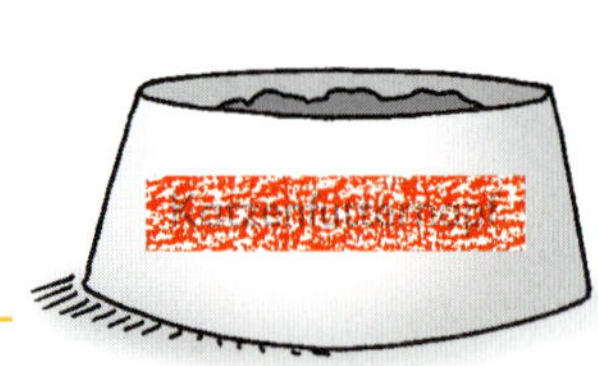

[redacted]

3 Welche Berufe siehst du hier? Suche die Bezeichnungen aus dem Silbentopf und schreibe sie unter die Bilder.

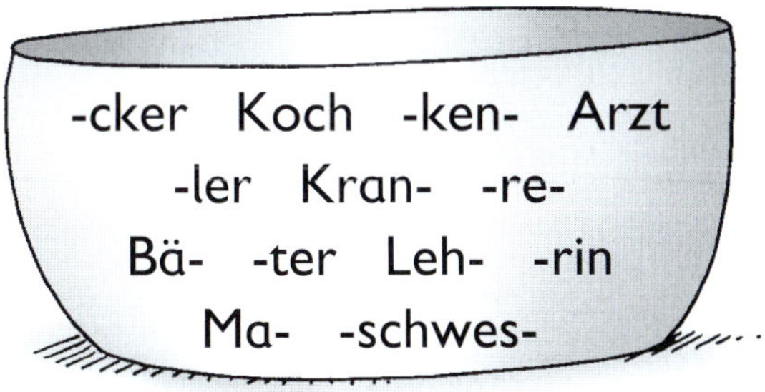

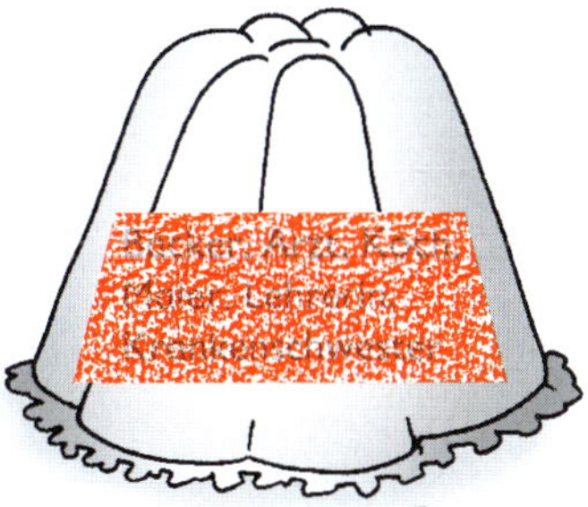

[redacted]

4 Bilde Sätze zu den Tunwörtern.

~~backen~~, untersuchen, kochen, malen, unterrichten, pflegen

Der Bäcker backt.

[redacted]

Mach mit!

- Nenne ein Wort. Finde nun Wörter, die zu diesem Wort passen. Spiele reihum mit einem oder mehreren Partnern. Wem fällt länger etwas Passendes ein?
  Karlo: „Was passt zu ‚Garten'?“
  Konfetti: „Beet.“
  Karlo: „Bäume.“
  Konfetti: „Hohes Gras.“
  Karlo: „???“
  Konfetti: „Gewonnen!“

- Suche mit deinem Partner zehn oder zwölf Gegenstände aus dem Haushalt zusammen, z. B. einen Ball, eine Schaufel, ein Spielauto … Legt diese Dinge vor euch hin. Dann suche dir einen Gegenstand aus und sage: *„Mein Gegenstand kann hüpfen.“* Ob dein Partner wohl errät, was du meinst?

- Seht euch die beiden Kinder ganz genau an. Deckt die Kinder dann zu. Benennt, welcher der Gegenstände im Rahmen zu wem gehört. Spielt abwechselnd so: *„Die Brille gehört dem Jungen.“*

► Zur Entspannung darfst du jetzt Konfettis und Karlos Zauber-Mandala ausmalen.

S

Erste Wörter lesen

1 Betrachte die Bilder. Sprich die Wörter dazu deutlich. Welches Bild passt nicht in die Reihe, weil es mit einem anderen Anlaut beginnt? Streiche es durch.

[redacted]

2 a) Welcher Anfangsbuchstabe passt zu welchem Wortteil? Verbinde.

arten

isch

ose

uch

[redacted]

b) Welcher Anfangsbuchstabe bleibt übrig?

3 Sprich jeweils das Wort zum großen Bild laut aus. Welches der kleinen Bilder daneben beginnt mit dem gleichen Anlaut? Verbinde.

B, b

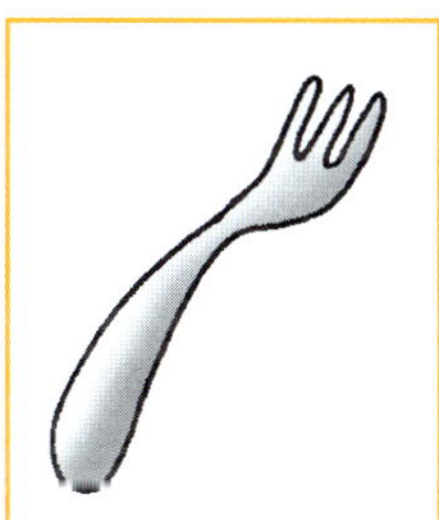

G, g

D, d

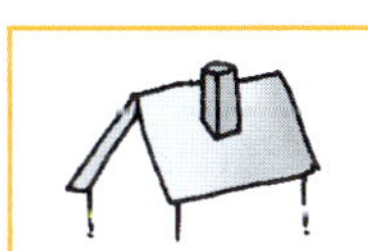

P, p

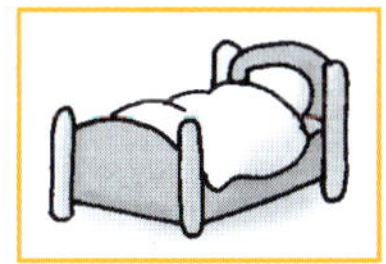

K, k

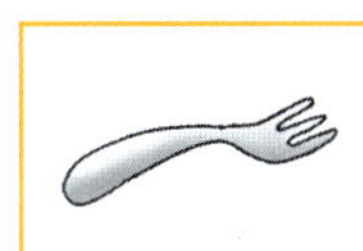

T, t

Erste Wörter lesen

1 Sprich die Wörter zu den Bildern deutlich und klatsche die Silben dazu. Verbinde dann die passenden Paare: Ihre erste Silbe ist immer gleich.

2 a) Fahre Konfettis Leinen nach.
Welche Wörter ergeben sich aus den Silben?

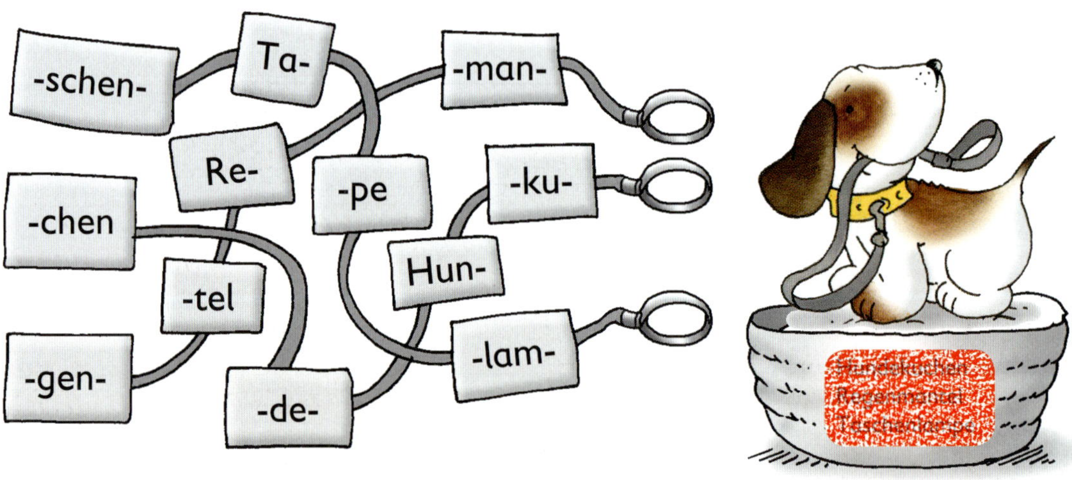

b) Male die Bilder der Wörter an, die in Konfettis Leinenwörtern stecken. Ein Bild bleibt übrig.

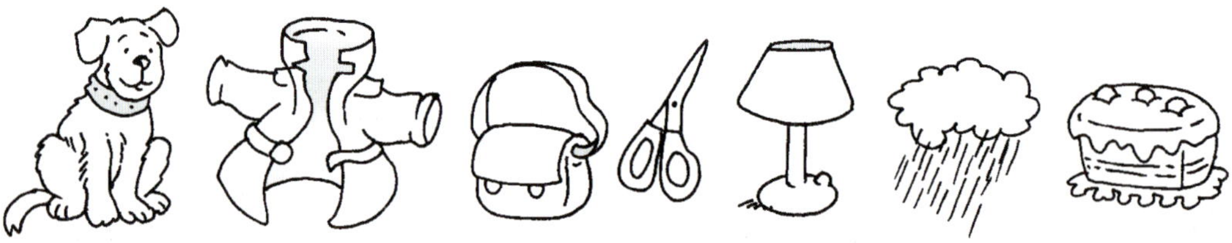

[redacted]

3 a) Schau dir die Bilder genau an. Decke sie dann ab.

b) Kannst du jetzt ganz schnell diese Wortteile zu Ende sprechen?

[redacted]

Schmet-	Te-	Lam-	Tas-	Sche-

4 Immer ein Wort aus der Reihe fehlt bei den Bildern. Welches? Kreise es ein.

Haus Maus Laus

Hase Hose Dose

Affe Hund Hand

Jacke Sack Mütze

Tisch Stuhl Fisch

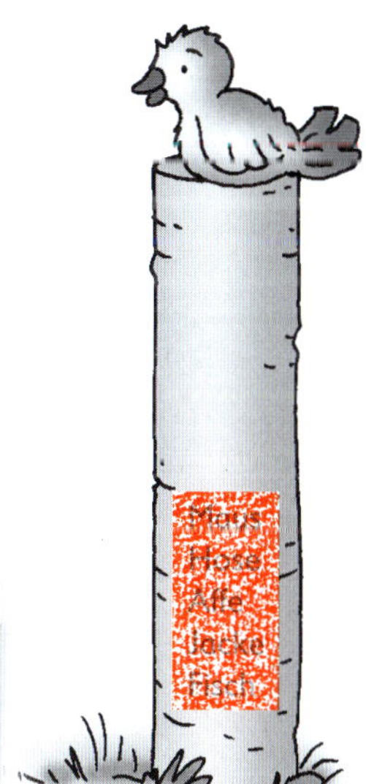

[redacted]

2 Erste Wörter lesen

1 Male alle Wörter braun an, die ein Tier benennen. Alle Kleider malst du blau an, alle Möbel grün und das Obst gelb.

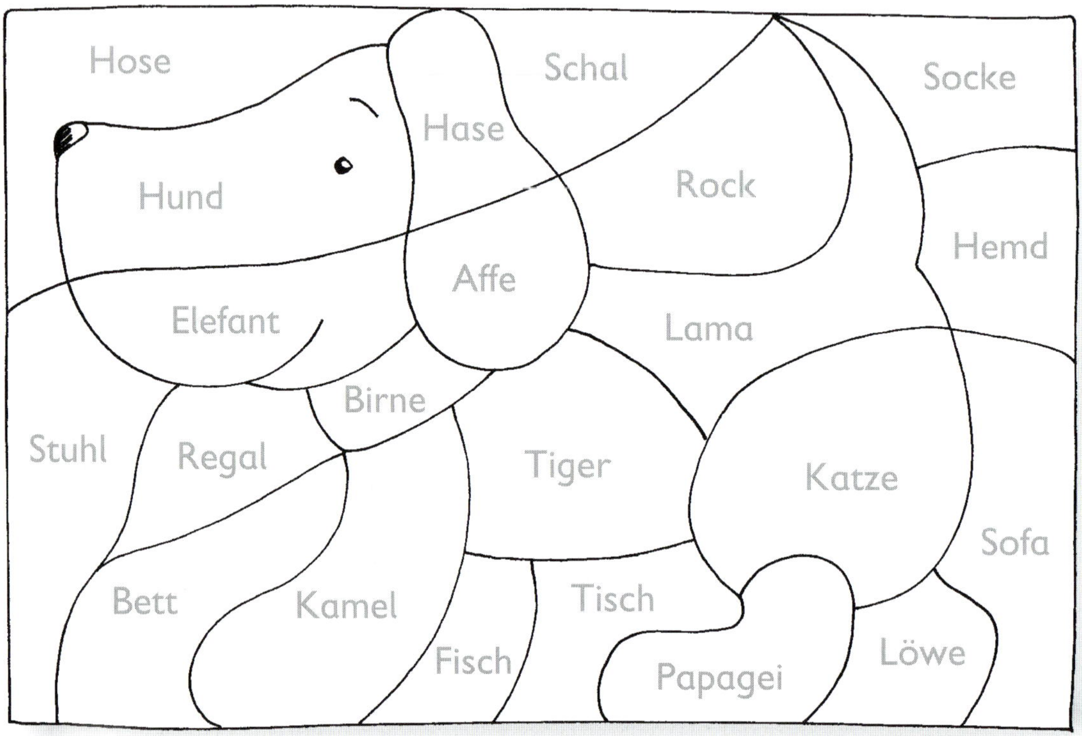

2 Welches Wort aus der Reihe passt am besten?
Kreise es ein. Bilde damit Sätze.

leise – laut – riesig

schnell – bunt – langsam

lustig – traurig – winzig

3 Lies alles genau. Welches ist jeweils der richtige Satz?

hat

einen  Arm.

einen  Knochen.

einen  Rüssel.

frisst

eine 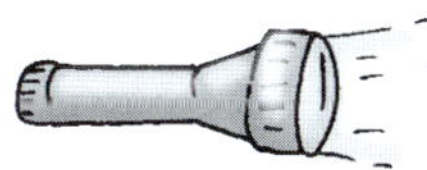 Taschenlampe.

cinc  Wurst.

eine  Unterhose.

holt

die  Leine.

die  Zeitung.

die  Hausschuhe.

4 Schreibe die richtigen Sätze auf die Linien.

Mach mit!

► Karlo und Konfetti spielen gerne mit dem Ball im Garten. Das kannst du auch alleine oder mit mehreren Mitspielern machen.
Kennst du das Spiel „Blumenball“?
Dafür sucht sich jedes Kind einen Blumennamen mit mehreren Silben aus –
also etwa *Son-nen-blu-me, Glo-cken-blu-me, Ver-giss-mein-nicht*.
Reihum wirft jedes Kind den Ball hoch.
Während sich der Ball in der Luft befindet, ruft das Kind seinen Blumennamen in Silben und klatscht diese mit.
Wem der Ball auf den Boden fällt, bevor der Blumenname zu Ende ist, scheidet aus.

► **Silbenturm**

Dieses Spiel könnt ihr zu zweit, aber auch zu dritt oder zu viert spielen.
Legt eure Hände abwechselnd zu einem Turm zusammen. Dann überlegt ihr euch einen Abzählreim und sprecht diesen in Silben. Bei jeder Silbe zieht das Kind, dessen Hand zuunterst liegt, die Hand weg und legt sie ganz oben auf den Turm. Wenn ihr den Reim gesprochen habt, denkt ihr euch einfach einen neuen aus.

► Welche beiden Bildausschnitte passen? Verbinde die Ausschnitte mit dem Platz, an den sie gehören.

► Lege dich auf eine Decke oder setze dich gemütlich hin. Denke an eine Person, die du besonders gernhast. Stelle dir vor, dass du ihr ein Paket mit schönen Dingen schickst. Welche fünf Dinge packst du ein? Packe dein Paket in Gedanken, verschließe es und schicke es auf den Weg. Was wohl der Empfänger sagen wird?

► Male nun in das Paket die Dinge hinein, die du gepackt hast, und erzähle deinem Lernpartner davon.

Texte verstehen

1 a) Betrachte das Bild mit deinem Lernpartner.
Beschreibt euch gegenseitig, was ihr seht.

b) Trage ein, wie viele Bäume: ____, wie viele Äpfel: ____ und wie viele Bienen: ____ du siehst.

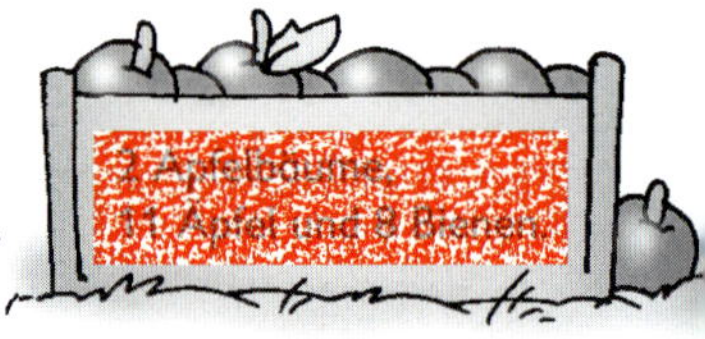

c) Betrachte alle Bilder auf der Seite. Erzähle nun deinem Lernpartner, was in der Zwischenzeit passiert ist. Male dann ein passendes Bild dazu.

2 Betrachte mit deinem Lernpartner auch hier die Bilder.
Bringt sie in die richtige Reihenfolge
und erzählt euch gegenseitig die Geschichte.

3 Male das letzte Bild selbst. Wie endet die Geschichte?

1

Texte verstehen

1 Betrachte gemeinsam mit deinem Lernpartner das Bild. Erzählt davon, was Karlo und Konfetti wohl unternehmen.

2 Karlo erzählt seinem Onkel am Telefon, was am Bahnhof los ist. Doch leider bringt er manches durcheinander. Lies die Sätze und kreuze an, ob sie stimmen oder nicht.

	stimmt	stimmt nicht
a. Ich habe keinen Rucksack.		
b. Konfetti hat seinen Knochen im Maul.		
c. Am Bahngleis stehen vier Kinder.		
d. Der Mann liest eine Zeitung.		
e. Das Kind isst ein Eis mit drei Kugeln.		
f. Es regnet.		

3 Karlo erzählt auch Dinge, die nicht stimmen. Was müsste er sagen, damit alles richtig ist?

a. Stimmt nicht, Karlo hat einen Rucksack. b. Stimmt. c. Stimmt nicht, es sind drei Kinder. d. Stimmt. e. Stimmt nicht, das Eis hat nur zwei Kugeln. f. Stimmt nicht, die Sonne scheint.

4 Was ist das? Verbinde das Wort mit seiner richtigen Bedeutung.

Eine Tulpe ist
- ein großer Baum.
- eine bunte Blume.

Ein Lama ist
- ein Spielzeug.
- ein Tier.

Domino ist
- ein spannendes Buch.
- ein lustiges Spiel.

Eine Lupe ist
- ein Gerät für Detektive.
- ein süßes Getränk.

Lakritz ist
- eine schwarze Süßigkeit.
- ein Mittel zum Saubermachen.

Petersilie ist
- ein Kraut zum Würzen.
- ein Mittel für Zaubertränke.

Eine Oase ist
- eine Insel im Meer.
- eine Wasserstelle in der Wüste.

5 Bilde mit deinem Lernpartner weitere Sätze, z. B.

Was ist ein Hecht – ein großer Fisch oder aber ein schnelles Auto?

Diese Wörter könnt ihr beschreiben:

Winter	Salami	Libelle	Laterne	Gondel

1 Rezept: Pausenbrot-Gesicht
Schau dir mit deinem Lernpartner die Bilder gut an.

2 Lies dir nun die Sätze unten durch und schreibe jeden Buchstaben in den Kreis zu dem passenden Bild bei Aufgabe 1. Hintereinandergelesen ergeben die Buchstaben ein Lösungswort.

R Bestreiche das Brot mit Butter und belege es mit Käse oder Wurst.

T Dekoriere zum Schluss die Kräuter als Haare auf dein Pausenbrot-Gesicht. Guten Appetit.

B Du brauchst: eine Scheibe Brot, Butter, eine Scheibe Käse oder Wurst, eine Paprika, eine kleine Tomate, Kräuter, ein Messer.

O Schneide zwei kleine Streifen aus der Paprika und zwei Scheiben aus der Tomate. Daraus legst du die Augen, den Mund und die Nase auf dein Brot.

3 a) Lies, was sich Konfetti denkt.

Karlo und ich kennen uns seit drei Jahren.
Ich wohne bei Karlo.
Dort schlafe ich in einem weichen Körbchen.
Karlo gibt mir immer genug Futter.
Das Futter fresse ich aus meinem Napf.
Im Garten spielen wir mit dem Ball.
Wenn wir spazieren gehen,
nimmt Karlo mich an die Leine.
Wir gehen gerne auf Reisen.
Dann hat Karlo einen Rucksack dabei.
Darin ist unser Proviant verstaut.
Wir sind beste Freunde.

b) Beantworte nun die Fragen.

1. Wie lange kennen sich Karlo und Konfetti schon?
2. Wo wohnt Konfetti?
3. Wo schläft Konfetti?
4. Frisst Konfetti von einem Teller?
5. Womit spielen die beiden im Garten?
6. Gehen die beiden gern auf Reisen?
7. Was verstaut Karlo in seinem Rucksack?
8. Was ist „Proviant"?

Mach mit!

► Zeichne das Bild den Pfeilen nach links oder rechts nach. Wenn du fertig bist, kannst du es bunt anmalen.

► Karlo und Konfetti haben ihre Freunde zum Kaffee eingeladen. Doch leider fehlt eine Tasse. Welche ist es?

Lösung: Es fehlt die graue Tasse mit vier Blümchen.

► Wer wohl zu Besuch kommt? Male ein Bild von Karlos und Konfettis Kaffeebesuch auf ein Blatt. Erzähle deinem Lernpartner eine Geschichte dazu.

- Spielt doch einmal „Schatzjagd“ im Haus oder Garten. Dafür sucht ihr euch einen Schatz. Nun braucht ihr noch vier oder fünf Stationen, bis der Schatz gefunden wird. Schreibt kleine Nachrichten, z. B. so:
  Den nächsten Hinweis findest du an deinem Schreibtisch.
  Oder:
  Der Schatz ist unter unserem Apfelbaum versteckt.
  Am meisten Spaß macht die Schatzsuche, wenn zwei Gruppen gegeneinander spielen.

- Spiele „Ich kenne einen Gegenstand“ mit einem oder mehreren Mitspielern. Betrachte die Dinge um dich herum genau und notiere auf einem kleinen Zettel einen Gegenstand, den du beschreiben möchtest.
  Sage: *„Ich kenne einen Gegenstand!“*
  Jetzt fragen dich deine Mitspieler:
  „Ist der Gegenstand rund?“
  „Kann man damit spielen?“
  „Brauchst du ihn in der Schule?“
  So lange, bis der Gegenstand erraten ist.

- 

  Setze dich neben eine eingeschaltete Lampe. Deren Licht wirfst du an die Wand. Halte deine Hände ins Licht, sodass ein Schatten an der Wand entsteht. Wie sieht dein Schatten aus? Wie ein Tier? Wie ein bestimmter Gegenstand? Probiere aus. Du kannst auch ein kleines Theaterstück erfinden.

So übst du mit dem Spielebuch

Hast du Lust auf noch mehr Spiele?
Dann kannst du dir ein Spielebuch basteln.

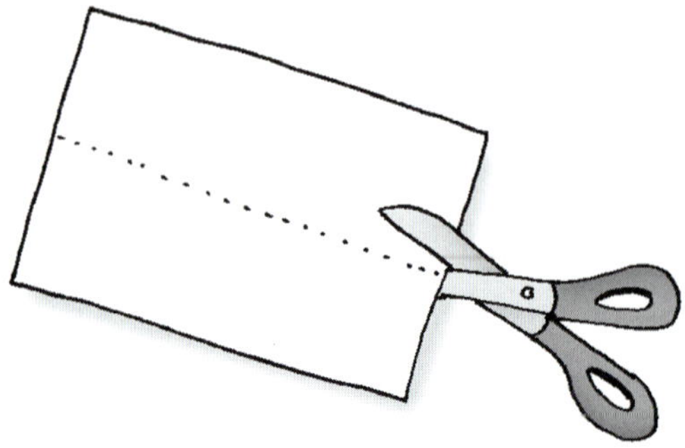

So geht's:

1. Schneide die folgenden Seiten entlang der gestrichelten Linien auseinander.

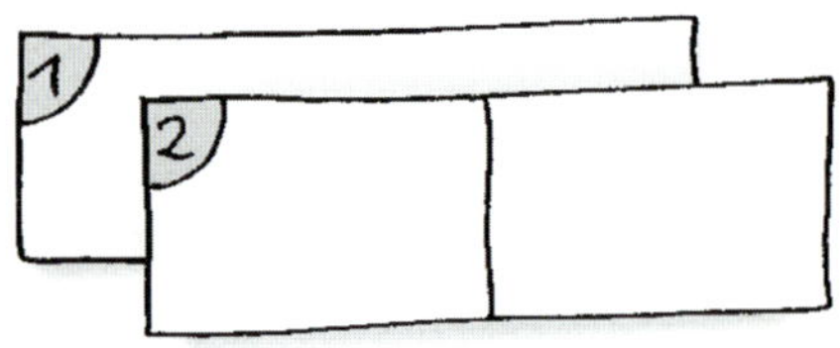

2. Ordne die Papierstreifen:

   Beginne mit Spiel 1 und lege nacheinander Spiel 2 bis 15 aufeinander.
   Achte auf die Zahlen links oben in der Ecke.

3. Lege die Streifen genau aufeinander und falte sie sorgfältig in der Mitte zusammen.

4. Nun musst du nur noch einen Bindfaden in die Falze der Mitte legen und die Enden miteinander verknoten. Fertig!

Karlos und Konfettis Anlauttabelle

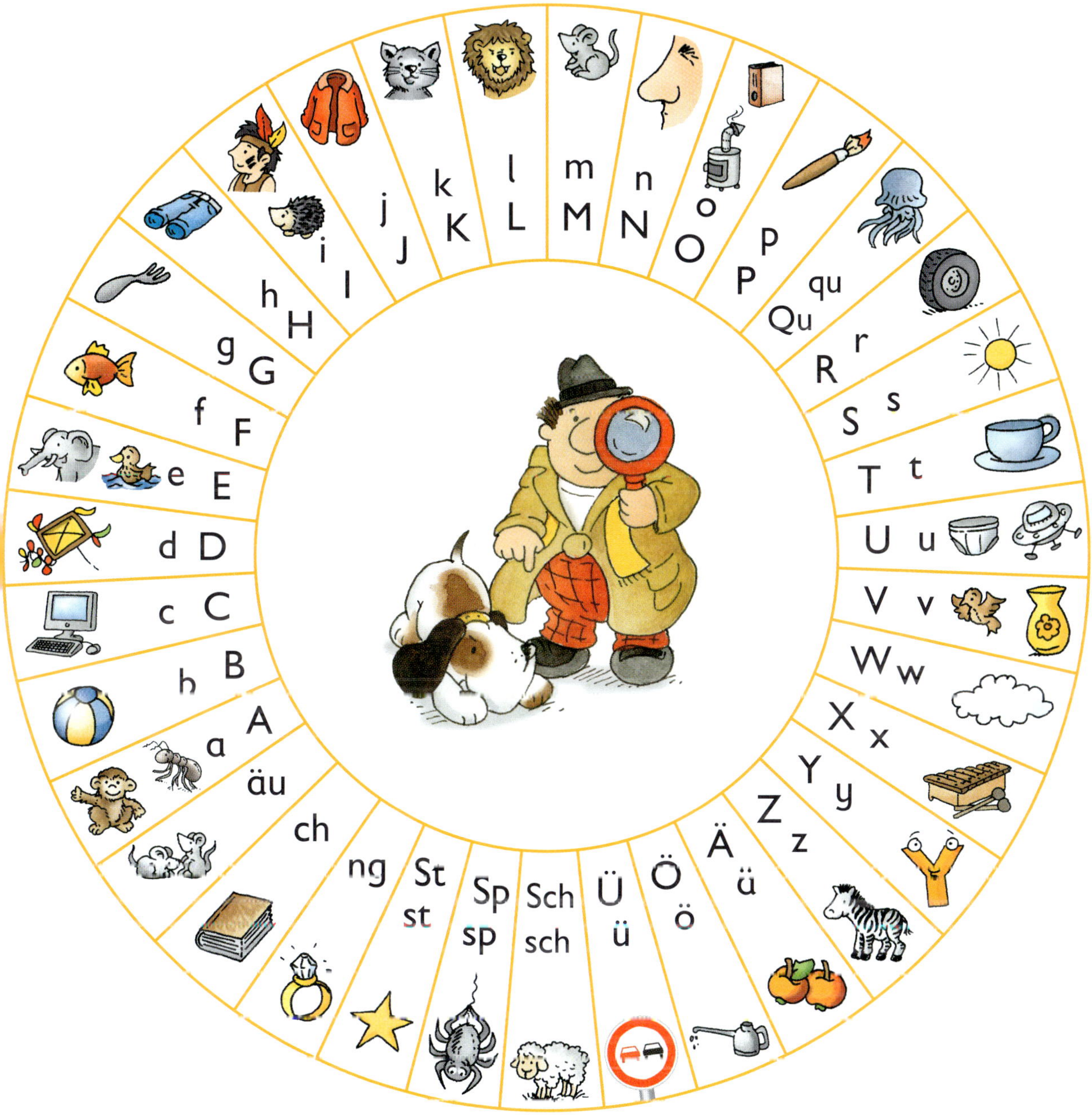

Arbeiten mit der Anlauttabelle

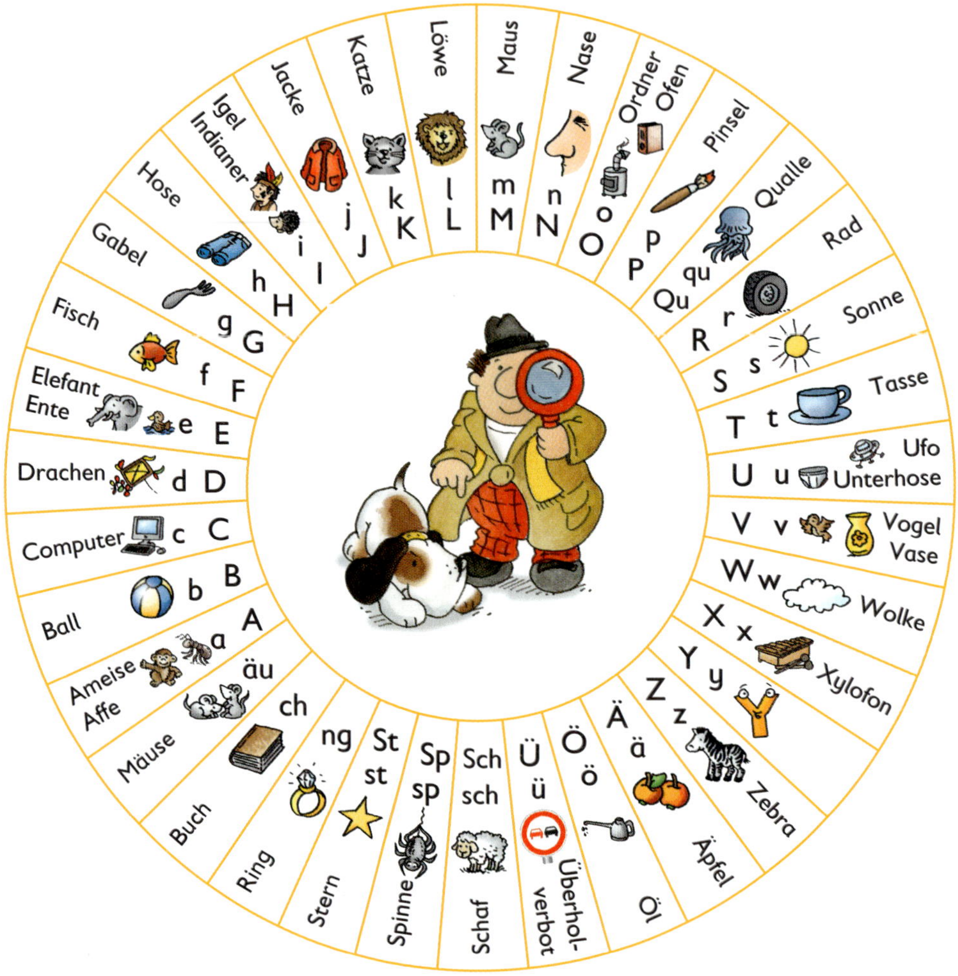

Mithilfe der Anlauttabelle in diesem Lernbuch kann Ihr Kind eigenständig die verschiedenen Laute und Buchstaben einander zuordnen.

- ✔ Betrachten Sie zunächst gemeinsam mit Ihrem Kind die Anlauttabelle und besprechen Sie, welche Abbildungen zu sehen sind.
- ✔ Spielen Sie abwechselnd Ratespiele und zeigen Sie die Begriffe auf der Anlauttabelle: „Findest du die Jacke?", „Welches Tier miaut?"
- ✔ Fragen Sie dann gezielt nach. Etwa so: „Mit welchem Laut beginnt das Wort ‚Pinsel'?" – „Mit /P/." (nicht /PE/!)
- ✔ Um ein Wort zu schreiben, spricht Ihr Kind dieses ganz deutlich: Es achtet auf den ersten Laut des Wortes und sucht diesen in der Anlauttabelle. Nun schreibt es den diesem Laut zugeordneten Buchstaben auf. Es spricht das Wort erneut deutlich und findet heraus, welchen Laut es an zweiter Stelle hört. Auch diesen Laut sucht es in der Anlauttabelle und schreibt den zugeordneten Buchstaben auf.
- ✔ So kann Ihr Kind eigenständig kleine Wörter lautgetreu schreiben. Das heißt, es schreibt die Wörter so, wie es sie spricht.

Spielebuch zu
Lernprofi Deutsch, 1. Klasse

1. Klasse
Spielebuch

15

Dinge suchen

Dieses Spiel könnt ihr drinnen, besser aber noch draußen spielen. Am besten spielt ihr es in zwei Gruppen.

Ihr erhaltet den Auftrag, je fünf Dinge mit bestimmten Eigenschaften zu suchen.
Also z. B. *fünf Dinge, die klein sind*
oder *fünf Dinge, die rund und bunt sind.*
Welche Gruppe hat am schnellsten fünf passende Dinge gefunden?

Spieler C: „Ich packe mein Köfferchen und ich nehme einen Apfel, eine Ananas und eine Aktentasche mit.“
Und so weiter ...

Sprachförderspiel: Wahrnehmung

1

Köfferchen packen mit Anlauten

Spielt mindestens zu zweit das Spiel *Ich packe mein Köfferchen …*

In den Koffer dürfen nur Wörter, die denselben Anlaut haben. Also darf beispielsweise nur das in den Koffer, was mit „A“ beginnt.

Spieler A: „Ich packe mein Köfferchen und ich nehme einen Apfel mit.“

Spieler B: „Ich packe mein Köfferchen und ich nehme einen Apfel und eine Ananas mit.“

2

Anlaut-Stopp

Für dieses Spiel braucht ihr zwei oder mehrere Mitspieler.

Ein Mitspieler sagt das Abc im Kopf auf. Ein anderer Mitspieler ruft irgendwann: „Stopp!“
Dann sagt der erste Mitspieler, welchen Buchstaben er sich gerade gedacht hat.
Alle Mitspieler finden nun reihum möglichst viele Wörter, die mit diesem Buchstaben beginnen.

Dieses Kind stellt dann eine neue Frage.
Es hält ebenso die Schnur gut fest und wirft das Wollknäuel weiter.
Das Spiel dauert so lange, bis alle eine Frage beantwortet haben.

Wie sieht euer Spinnennetz aus?

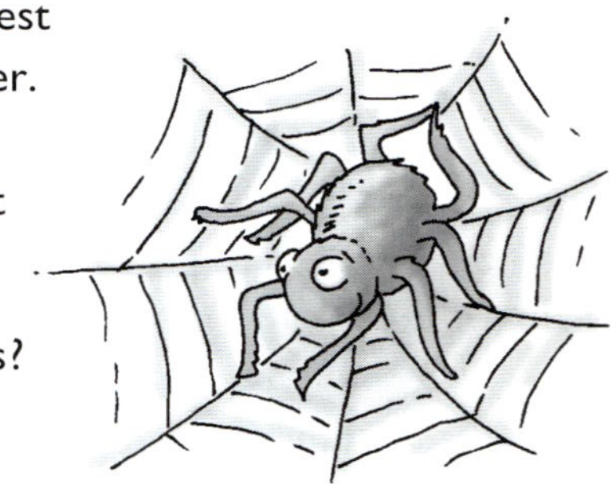

3

Hör genau

Für dieses Spiel braucht ihr zwei oder mehrere Mitspieler und acht bis zehn Dinge, die ein eindeutiges Geräusch machen, wenn sie zu Boden fallen. Das kann ein Schlüsselbund sein, ein Heft, ein Stift, ein Baustein oder auch andere Dinge.

Ein Mitspieler nimmt die Dinge nacheinander vom Boden auf und lässt sie fallen. Die anderen hören zu. Nun schließen alle bis auf einen die Augen. Dieser wählt einen Gegenstand aus und lässt ihn fallen.

Aufgaben können sein:

Springe wie ein Känguru.
Sage viermal: „Karlo und Konfetti können kriechende Kirmeswürmer küssen."

Fragen können sein:

Welches ist dein Lieblingsfach?
Welchen Sport machst du gerne?
Was magst du nicht?

4

Stille Post

Dieses Spiel ist am lustigsten, wenn ihr drei oder mehr Mitspieler seid.

Setzt euch in eine Reihe nebeneinander.
Ein Mitspieler denkt sich einen möglichst langen Satz aus und flüstert diesen seinem rechten Nachbarn ins Ohr. Dieser flüstert das, was er verstanden hat, wiederum seinem rechten Nachbarn ins Ohr. Das geht so lange, bis der Satz beim letzten Kind angekommen ist.
Das letzte Kind sagt laut, was es verstanden hat.

Dann fragt ihr euch abwechselnd.
„Wohnst du in …?"
oder
„Tanzt du gerne?"

14

Spinnennetz

Ihr braucht ein Wollknäuel, mehrere Mitspieler, eine Menge Fragen und für jedes Kind einen Stuhl.

Setzt euch in einen Stuhlkreis zusammen.
Ein Kind nimmt das Wollknäuel und hält das Fadenende fest.
Es stellt eine Frage, z. B.
Wie oft gehst du zum Turnen?
Was ist dein Lieblingsessen?
Dann hält es den Faden weiter fest und wirft das Wollknäuel zu einem anderen Kind, das die Frage beantwortet.

Sprachförderspiel: Wahrnehmung

13

Flaschendrehen

Für dieses Spiel benötigt ihr drei oder mehr Mitspieler.

Setzt euch in einen Kreis und legt eine leere Flasche in die Mitte.
Dann dreht ihr die Flasche.
Das Kind, auf das die Flasche zeigt, muss eine Aufgabe ausführen oder eine Frage beantworten.
Wer es erraten hat, ist als Nächstes dran.

Wer errät, worum es sich handelt? Wer es erraten hat, ist dann als Nächstes dran.

Sprachförderspiel: Genau hören

5

Seilhüpfen

Entweder hüpfst du mit einem kleinen Springseil alleine – oder aber ihr hüpft gemeinsam mit einem großen Springseil. Dafür müssen zwei Mitspieler an je einem Ende das Seil schwingen und ein Kind springt.

Sagt dabei den folgenden Spruch:
Schwinge schnelle, schöne Sprüche.
Sage sorgsam A, B, C:
A, B, C, D … (Sprich das Abc, bis du hängen bleibst).

Dann führt der nächste Mitspieler die Geschichte weiter: „Eines Abends hörte sie ein schreckliches Geräusch …“

Erzählt die Geschichte möglichst lang und spannend und bezieht auch die anderen Gegenstände ein.

Sprachförderspiel: Erzählen

6

Der Luftballon-Kreis

Für dieses Spiel braucht ihr drei oder mehr Mitspieler.

Fasst euch an den Händen und bildet einen Kreis.
Dann geht ihr in die Kreismitte und stellt euch eng aneinander.
Pustet kräftig – bei jedem Puster geht ihr weiter nach außen und euer Luftballon-Kreis wird größer.
Das macht ihr so lange, bis es nicht mehr geht.
Dann platzt euer Luftballon und ihr lasst die Hände los – aber vorsichtig!

Der nächste Nachbar erzählt weiter, was der Koch macht und alle bewegen sich passend dazu. Das macht ihr so lange, bis einem Mitspieler nichts mehr einfällt.

Bei mehreren Spielern:
Der Koch bestimmt den Mitspieler, der sich den nächsten Gegenstand aussuchen darf.

Sprachförderspiel: Erzählen

12

Steckbriefe

Schreibe einen kurzen Steckbrief über dich,
dein Lernpartner schreibt einen Steckbrief über sich.
Darin schreibt ihr auf, wie ihr heißt und wo ihr wohnt,
welche Hobbys ihr habt und was ihr gerne macht.

Und? Habt ihr alle das Richtige weitergesagt?

Sprachförderspiel: Genau hören

11

Geschichtenerzähler

Sucht zu zweit oder zu dritt mehrere Gegenstände aus,
die ihr in die Kreismitte legt.

Dann setzt ihr euch alle drumherum. Ein Mitspieler beginnt
und nimmt sich einen Gegenstand:

„Das Auto gehört meiner Tante Gisela.“
Der nächste Mitspieler setzt die Geschichte fort:
„Tante Gisela ist eine alte Frau. Sie wohnt in einem großen
Schloss.“

Gewonnen hat, wer am weitesten kommt.

Sprachförderspiel: Deutlich sprechen

7 Pustebilder

Du brauchst:

- ein Glas mit Wasser,
- Wasserfarben,
- einen Pinsel,
- einen Strohhalm,
- Zeitungspapier zum Abdecken der Unterlage,
- ein großes Blatt Papier.

Welche Geräusche macht ihr für …

… eine Gruselgeschichte?

… einen Spaziergang durch den Regen?

… einen Gang durch den Zoo?

Oder was fällt euch ein?

Sprachförderspiel: Erzählen

8 Korken-Sprechereien

Dieses Spiel funktioniert allein oder zu mehreren.
Jeder Mitspieler braucht einen Korken.

Beim Sprechen lustiger Sätze nehmt ihr diesen vorsichtig zwischen die Zähne.
Versucht zuerst einfache Sätze wie: *Konfetti lacht.*
Probiert aber auch richtig schwierige Sätze, z. B.:
Fischers Fritze fischt frische Fische.

Verstehen alle Mitspieler, welchen Satz ihr sagt?

Sprachförderspiel: Deutlich sprechen

10

Berufe spielen

Für dieses Spiel braucht ihr zwei oder drei Mitspieler.
Sucht Dinge zusammen, die Menschen für ihren Beruf brauchen, also z. B. einen Kochlöffel, einen Stift, eine Polizeikelle und andere Dinge.

Legt die Dinge vor euch hin. Nun nimmt sich ein Mitspieler etwa den Kochlöffel und sagt: „Ich bin der Koch."
Der Nachbar ergänzt: „Du rührst im Topf."
Alle Mitspieler machen dann eine Rührbewegung.

Sprachförderspiel: Deutlich sprechen – Mundmotorik

9

Körpergeschichten

Erzählt mithilfe eures Körpers Geschichten.
Das macht am meisten Spaß mit zwei oder drei Mitspielern.

Dazu braucht ihr:

- eure Stimme (zum Flüstern, Heulen, Lachen ...),
- eure Finger (zum Schnippen),
- eure Hände (zum Reiben, Klatschen ...),
- eure Beine (zum Hüpfen, Trampeln, Stampfen ...).

Mische dir einige dünnflüssige Farben an. Kleckse mehrere Farbtupfer auf dein Bild. Nun nimmst du deinen Strohhalm und pustest die Farbkleckse in die verschiedensten Richtungen. Lasse die Farben ineinander verlaufen. Aus deinen Pustereien entstehen richtige Bilder.

Was kannst du sehen?
Erzähle eine Geschichte zu deinem Pustebild.

Sprachförderspiel: Deutlich sprechen – Mundmotorik

Lernprofi Deutsch

2. Klasse

Deutsch, 2. Klasse

Das Abc kennen

Wortarten erkennen

Richtig schreiben

Wörter und Sätze bauen

Rund um das Abc

1 Mit welchem Laut beginnen die Abbildungen?
Schreibe den passenden Anfangsbuchstaben unter das Bild.

L E

2 Wenn du die Anfangsbuchstaben der Reihe nach liest, ergibt sich eine Lösung.
Schreibe diese mit großen und kleinen Buchstaben auf die Linien.

Le

3 In den Buchstabenreihen fehlen immer Buchstaben. Trage sie richtig ein.

A ___ C D ___

F ___ H I J ___ L M ___

O P ___ R ___

T U V ___ ___ Y Z

4 Schreibe nun das komplette Abc auf die Linien.

____

____

____

5 Suche in der Wörterliste am Ende des Heftes nach dem Buchstaben, mit dem dein Name beginnt. Welches Wort ist dort dein Lieblingswort?

____

? Wo willst du weiterüben? → Level 1 / → Level 2

Rund um das Abc

❶ Konfetti hat im Obst- und Gemüsegeschäft einiges durcheinandergebracht. Ordne das Obst und Gemüse wieder in die richtigen Kisten ein.

A: Apfel, B: Birnen, T: Tomaten, G: Gurken, Z: Zitronen, M: Melone, O: Orangen, K: Kartoffeln, S: Salat, E: Erdbeeren

❷ Ordne die Obst- und Gemüsesorten aus dem Bild nun nach dem Abc.

Apfel, ____________________________________

____

____

Birnen, Erdbeeren, Gurken, Kartoffeln, Melone, Orangen, Salat, Tomaten, Zitronen

3 Setze die Silben richtig zusammen.
Findest du alle Wörter im Salat?

4 Schreibe die Gemüsesorten nun nach dem Abc
geordnet auf. Was passt nicht zum Gemüse?

Es passt nicht:

[redacted]

? Traust du dich jetzt an Level **2** ?

Rund um das Abc

1 Ordne die Vogelarten nach dem Abc.

Spatz | Amsel | Drossel | Rotkehlchen | Fink

2 Im Vogelbauch siehst du einige Wörter mit V/v.
Schreibe diese, wenn es geht, in Silben auf die Linien.

Vo-gel, Va-ter, vom, von, vier, viel, vor, Ver-bot, voll, vor-bei

- ☐ Nein, ich mache weiter.
- ☐ Ja, ich blättere noch einmal zu Level 1.
- ☐ Ja, ich versuche es später noch einmal.

3 Im Mixer sind einige Wörter mit X/x durcheinandergeraten. Füge die Buchstaben zusammen und schreibe die Wörter auf. Achte auf die Groß- und Kleinschreibung.

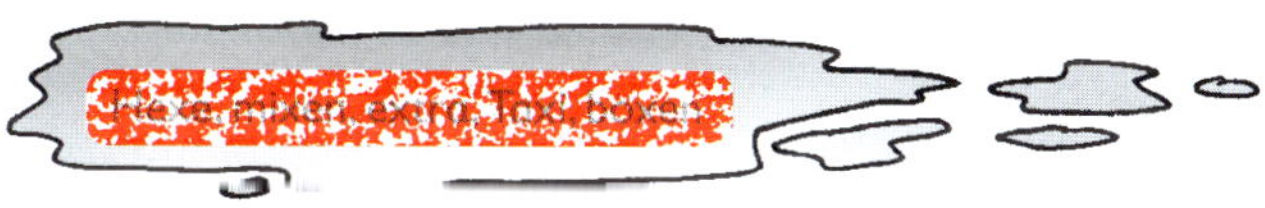

4 Trage die Wörter mit Qu/qu richtig in den Text ein.

Qualle | bequem | Quatsch | quaken | quieken

Die __________ lebt im Meer.

Konfetti macht gerne __________.

Schweine __________.

Auf dem Sofa ist es __________.

Frösche __________.

T

Test: Rund um das Abc

▸ Lösungen: Seite 138

1 Ordne die folgenden Tiere nach dem Abc.
Schreibe sie in der richtigen Reihenfolge auf die Linien.

Gans, Maus, Ameise, Tiger, Ente, Zebra,
Bär, Frosch, Qualle, Nashorn

____

____

____

Kontrolliert? Hake ab: ☐

2 Unterteile die Wörter in Silben.

Kinder – ______________ Garten – ______________

spielen – ______________ lernen – ______________

☐

3 Finde aus den Silben die passenden Qu/qu-Wörter
und schreibe sie auf die Linien.

-quem	quen-	-le	-ken	quie-
qua-	-ken	-geln	Qual-	be-

____

____

☐

Kontrolliere alle Aufgaben.

Mach mit!

▶ Das ist Karlos Geheim-Abc.

A	B	C	D	E	F	G	H	I	J	K	L	M
1	2	3	4	5	6	7	8	9	10	11	12	13

N	O	P	Q	R	S	T	U	V	W	X	Y	Z
14	15	16	17	18	19	20	21	22	23	24	25	26

▶ Entschlüssle Karlos geheime Botschaft:

11 1 18 12 15 9 19 20 5 9 14 4 5 20 5 11 20 9 22.

Lösung: Karlo ist ein Detektiv.

▶ Schreibe den Satz in der Geheimschrift von oben:

Konfetti liebt Knochen.

Lösung: 11 15 14 6 5 20 20 9 12 9 5 2 20 11 14 15 3 8 5 14.

▶ Denke dir ein Namenwort aus. Mit welchem Buchstaben endet es? Nimm diesen Buchstaben als Anfangsbuchstaben für ein neues Namenwort, z. B. *Affe – Elefant – Tier …*

Mach mit!

► Wer hat sich hier versteckt? Verbinde die Buchstaben in der richtigen Reihenfolge und du findest es heraus.

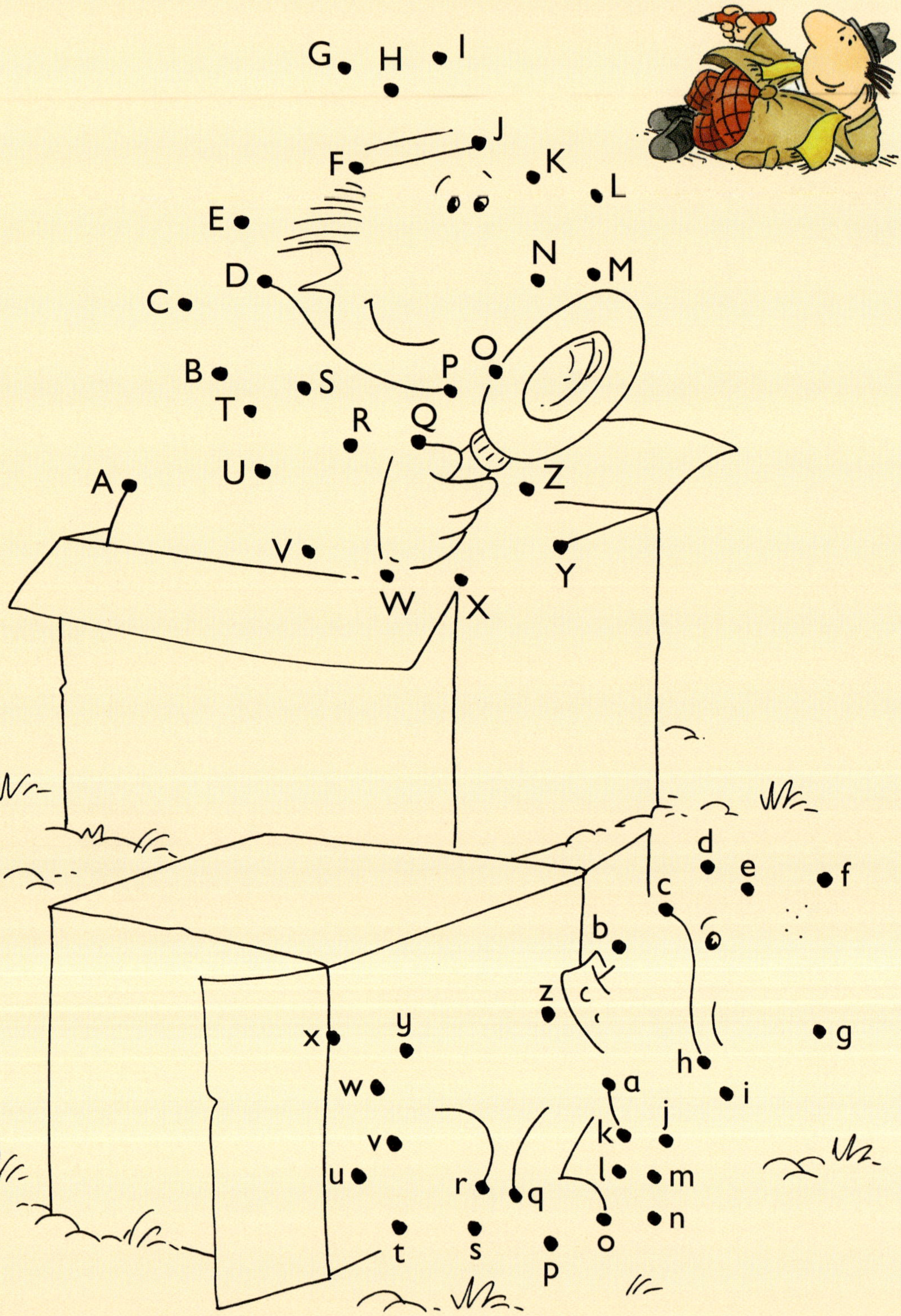

► Gestalte einen Schmuckbuchstaben. Schreibe deinen Lieblingsbuchstaben (z. B. den Anfangsbuchstaben deines Namens) groß in den Rahmen. Dann kannst du ihn schön verzieren.

Namenwörter

1 Karlo fährt in den Urlaub. Konfetti kommt natürlich mit. Was hat er in seinem Koffer? Schreibe die Namenwörter auf die Linien. Schau vorher bei Regel 1 nach.

NAPF LEINE BÜRSTE FUTTER BALL

Napf,

Leine, Bürste, Futter, Ball

2 Angenommen, du fährst in den Urlaub. Was nimmst du mit?

z. B. Buch, Hose, Hemd, Stift, Block, Eimer

► Regelbuch: 1 2

3 Im Urlaub wandert Karlo gerne. Die Pause gefällt ihm am besten. Setze die Silben zusammen und schreibe die Namenwörter in der Einzahl zu ihren Begleitern.

der	die	das

4 Was passt zusammen? Schreibe den passenden unbestimmten Begleiter vor jedes Namenwort.

eln   eine

_____ Apfel   _____ Brötchen
_____ Birne   _____ Käse
_____ Banane   _____ Würstchen

? Wo willst du weiterüben? → Level 1 / Level 2

1 Namenwörter

❶ Karlo kennt seinen Konfetti sehr gut. Finde die zehn Namenwörter. Unterstreiche sie. Lies vorher Regel 2.

Konfetti braucht einen Napf mit
frischem Futter und einen mit Wasser.
Gerne spielt er mit dem Ball.
Wenn ich mit ihm spazieren gehe,
geht er an der Leine.
Ich rufe ihn mit einer Pfeife.
Sein Fell pflege ich mit einer Bürste.
Er schläft in seinem Korb.

❷ Ordne die Namenwörter in die Tabelle ein.

der	die	das

[redacted]

❸ Was braucht dein Lieblingstier? Schreibe es auf.

4 Finde die Namenwörter. Schreibe sie auf und bilde ihre Mehrzahl.

der Affe – die Affen,

5 Fische immer zwei Namenwörter, die zusammenpassen, und setze sie zusammen.

das Haus, die Tür – die Haustür

? Traust du dich jetzt an Level 2 ?

Namenwörter

1 Ordne die Namenwörter nach dem Abc.
Bilde Einzahl und Mehrzahl.

Mensch Bild Gespenst Igel
Finger Junge Ohr Zweig Hund
Klasse Ring Ente Affe

der Affe – die Affen, das Bild

☐ Nein, ich übe weiter.

☐ Ja, ich blättere noch einmal zu Level 1.

☐ Ja, ich versuche es später noch einmal.

2 Schreibe die sieben Namenwörter auf, die Karlo gefunden hat. Bilde ihre Mehrzahl. Was fällt dir auf?

der Apfel – die Äpfel, ______________________________

____

____

____

____

[redacted]

3 Bilde auch hier die Mehrzahl. Kreise au und äu ein.

[redacted]

die Maus – die Mäuse ______________

das Haus – ______________

der Baum – ______________

der Traum – ______________

T

Test: Namenwörter

▸ Lösungen: Seite 138

1 In jeder Reihe passen drei Wörter gut zusammen.
Schreibe sie auf.

die Nase – der Mund – die Tasse – die Augen

das Pferd – die Katze – die Maus – der Baum

der Topf – das Auto – die Pfanne – der Herd

____

____

____

Kontrolliert?
Hake ab: ☐

2 Setze die Namenwörter zusammen.
Schreibe den passenden Begleiter davor.

der Garten, der Stuhl – ______________________

die Hand, die Tasche – ______________________

☐

3 Bilde die Mehrzahl der Wörter.

das Pferd – ______________

der Garten – ______________

das Haus – ______________

☐

Kontrolliere alle Aufgaben.

Mach mit!

► Finde passende Reime. Denke dir noch mehr Namenwörter aus, die man reimen kann.

der Fisch – ______________________

die Maus – ______________________

die Kasse – ______________________

der Baum – ______________________

► Finde sechs Namenwörter im Gitterrätsel. Kreise sie ein und schreibe sie auf.

C	S	Z	Q	F	G	L	S	T	D	H	R	K	T	G	L	J	F	Z
D	F	X	V	S	T	D	R	P	Q	N	M	T	B	P	V	K	N	F
S	B	F	N	M	B	Y	G	R	D	Y	X	I	G	E	L	L	T	J
K	T	H	S	S	C	S	L	N	S	S	R	T	J	S	J	H	V	Q
V	Q	G	N	S	K	G	R	P	F	L	Y	S	F	H	T	T	O	L
F	W	J	K	T	L	X	B	U	C	H	R	T	G	V	F	S	G	B
G	R	L	H	E	S	F	D	M	Q	X	V	H	S	T	H	R	E	T
S	B	W	C	R	B	Y	S	F	C	W	R	G	F	M	K	G	L	W
V	F	G	N	N	F	C	L	S	B	M	A	N	N	J	T	G	T	Z
R	T	Q	P	B	M	R	T	D	M	V	X	L	D	H	F	T	C	V
Z	X	F	K	L	B	P	A	P	I	E	R	K	N	Z	L	Q	S	T

____

____

____

Lösung: →: Igel, Buch, Mann, Papier; ↓: Stern, Vogel

Mach mit!

► Das hast du dir verdient: Entspanne dich, während du das Konfetti-Mandala ausmalst.

► Setze die Wörter unten richtig ein. Trage dann die Buchstaben hinter den richtigen Wörtern in das Lösungswort ein.

1. Karlo ist ein ____________.
2. Eine Tür öffnet man mit einem ____________.
3. Um zu lüften, musst du das ____________ öffnen.
4. Konfetti ist ein ____________.
5. Im ____________ kannst du spazieren gehen.
6. Tee trinkst du aus einer ____________.
7. Eine ____________ spendet dir Licht.
8. In einem ____________ kannst du lesen.

Tasse (T)

Fenster (N)

Hund (F)

Lampe (T)

Schlüssel (O)

Wald (E)

Detektiv (K)

Buch (I)

Lösungswort:

__ __ __ __ __ __ __ __
1 2 3 4 5 6 7 8

Lösung: 1. Detektiv, 2. Schlüssel, 3. Fenster, 4. Hund, 5. Wald, 6. Tasse, 7. Lampe, 8. Buch; Lösungswort: Konfetti

S

Tunwörter

1 Schau genau, was alle machen. Schreibe dann die richtigen Tunwörter auf die Linien.

Konfetti und Karlo ____________________.

Annika und Inka ____________________.

Julia und Mama ____________________.

[redacted]

2 Finde zehn Tunwörter in der Schlange. Schreibe sie auf.

[redacted]

laufen, ____

____

____

► Regelbuch: 4 5

3 Finde für die folgenden Tunwörter wieder ihre Grundform.

ich esse – *essen*

du spielst – ____________

er kocht – ____________

sie liest – ____________

es knistert – ____________

wir laufen – ____________

ihr kauft – ____________

sie sehen – ____________

4 Ergänze die Lücken.

Ich ____________ (spielen).

Du ____________ (gehen).

Er ____________ (klettern).

Wir ____________ (sprechen).

Ihr ____________ (lachen).

Sie ____________ (suchen).

Du ____________ (lernen).

? Wo willst du weiterüben? → Level 1 / → Level 2

Tunwörter

1 Lies dir den Text durch. Streiche die Tunwörter, die nicht passen, durch.

Zu Hause
Julia und Mama spielen/spielt ein Spiel.
Julia werfen/wirft Mamas Figur wieder hinaus.
Mama sagen/sagt: „Immer gewinnen/gewinnst du!"
Beide lachen/lacht. [redacted]

2 Schreibe die Sätze nun richtig auf.

[redacted]

3 Setze die Vorsilben vor die Tunwörter.
Schreibe alle Wörter auf die Linien.
Kennst du die Bedeutung von allen Wörtern?

auf ein ab um aus	räumen drehen

4 Wähle zwei Wörter mit einer Vorsilbe aus Aufgabe 3.
Schreibe dazu jeweils einen Satz.

[redacted]

? Traust du dich jetzt an Level 2?

2 Tunwörter

1 Die Wörter um das Wort *gehen* beschreiben genauer, wie die Kinder gehen. Schreibe Sätze auf die Linien.

Lorenz bummelt.

Laura

☐ Nein, ich mache weiter.

☐ Ja, ich übe lieber in Level 1.

☐ Ja, ich versuche es später noch einmal.

2 Was fehlt: das ng oder das nk?

Ein Schiff geht unter, es si___t.

Ein Lied si___t man.

3 a) Es gibt noch mehr Wörter, bei denen du aufpassen musst.
Trage ng oder nk richtig in die Lücken ein.

b) Schreibe die Wörter vollständig ins Heft. Findest du in der Wörterliste noch weitere Wörter mit ng oder nk?

4 Vorsilben verändern Tunwörter.
Verändere das Tunwort *fahren*.

ver- vor- ab- um- an-

[redacted]

T

Test: Tunwörter

► Lösungen: Seite 139

1 Kreise die fünf Tunwörter im Text ein.

Kontrolliert? Hake ab: ☐

Karlo löst gern knifflige Fälle. Er wandert gerne
und fährt oft in den Urlaub. Konfetti begleitet ihn.
Am liebsten spielen Konfetti und Karlo mit dem Ball.

2 Trage das passende Tunwort in der richtigen Form ein.

schimpfen – schreiben – werfen – schauen – essen

Mia ____________________ einen Brief.

Mama und Leo ____________________ gern Tomaten.

Lea ____________________ mit der frechen Katze.

Ich ____________________ aus dem Fenster.

Wir ____________________ den Ball gegen die Wand. ☐

3 Verbinde Tunwörter und Vorsilben, sodass sich
sinnvolle neue Tunwörter ergeben.

ein | um | mit | spielen | drehen | sammeln

____

____

____ ☐

Kontrolliere alle Aufgaben.

Mach mit!

► Blättere auf Seite 92 zurück. Schau dir die Wörter an, die zum Wortfeld *gehen* gehören. Merke sie dir gut und schreibe deine Merkwörter auf die Linien.

► Du brauchst zwei Würfel. Würfle mit dem einen Würfel eine Vorsilbe und mit dem anderen ein Tunwort. Schreibe die Wörter auf, die einen Sinn ergeben.

Würfel 1:	Würfel 2:
⚀ vor	⚀ kaufen
⚁ aus	⚁ kippen
⚂ ver	⚂ biegen
⚃ um	⚃ geben
⚄ ab	⚄ singen
⚅ ein	⚅ setzen

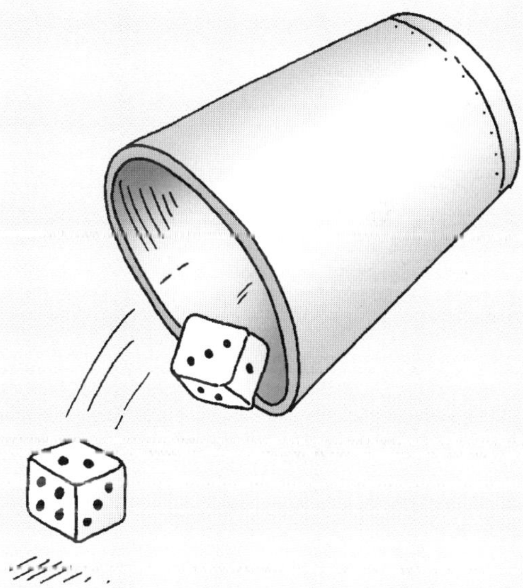

Mach mit!

► Vergleiche die beiden Bilder. Was tun die Kinder?
Welche fünf Unterschiede kannst du erkennen?

Lösung: Die Unterschiede sind: vier Bäume – drei Bäume, Gummitwist – Hüpfkästchen, Fußball vor/hinter dem Jungen, lesende – lachende Kinder, Lehrer – Lehrerin.

► Male immer passende Bilder in das Tunwörter-Domino.

START

malen

laufen

singen

lesen

reiten

schwimmen

schlafen

tanzen

spielen

ZIEL

Wiewörter

1 Kannst du diese Wiewörter lesen? Nimm einen Spiegel zur Hand. Schreibe sie auf die Linien.

jung, schön, neu,
böse, leicht, lang,
heiß, gut, eckig, alt

2 Karlo soll die Märchenfiguren genauer beschreiben.
Setze die passenden Wiewörter aus Aufgabe 1 in die Lücken.

Die Hexe ist b______.

Der Prinz ist j______.

Die Prinzessin ist sch______.

Die Fee ist g______.

Der König ist a______.

3 Finde in deiner Wörterliste noch fünf weitere Wiewörter, die dir gefallen. Schreibe sie auf.

► Regelbuch: 7

4 Die Maschine verwandelt die Wiewörter in ihr Gegenteil.
Schreibe auf, welche Wiewörter sie hinten ausspuckt.

lieb – böse, ______________________________

____

____

5 Karlo soll die Rätsel lösen. Hilf ihm, immer das Gegenteil zu finden.

Was nicht alt ist, das ist __________.

Was nicht klein ist, das ist __________.

Was nicht lang ist, das ist __________.

? Wo willst du weiterüben? → Level 1 / Level 2

Wiewörter

1 Konfetti ist der Beste. Vergleiche die Hunde.

groß	größer	______
schwer	______	______
schön	______	______
klug	______	______

[redacted]

2 Wie heißen hier die Grundformen? Regel 7 hilft dir.

am schnellsten	schnell
am kleinsten	______
am jüngsten	______
am mutigsten	______

3 Beantworte die Fragen.

Karlo trägt einen weiten Mantel.

Wie ist Karlos Mantel?

Er trinkt heißen Tee aus der Kanne.

Wie ist der Tee?

Nach der Brotzeit ist Karlos Rucksack leicht.

Wie ist Karlos Rucksack nach der Brotzeit?

4 Ordne diese Wörter in die richtigen Häuser ein.

Brot, wandern, steil, Pause, Zweig, zeigen, Tee, sonnig, Eis

? Traust du dich jetzt an Level 2?

2 Wiewörter

1 Setze die Wiewörter in der passenden Form ein.

[redacted]

Karlo ist der kluge (klug) Lern-Detektiv.

Die Katze hat __________ (scharf) Krallen.

Der Elefant hat einen __________ (lang) Rüssel.

Eine Maus hat ganz __________ (klein) Ohren.

2 Steigere jetzt die Wiewörter aus Aufgabe 1.

klug – klüger – am klügsten, ______________________________

____

____

____

[redacted]

- ☐ Nein, ich übe weiter.
- ☐ Ja, ich bearbeite **1** und **2** in Level 1.
- ☐ Ja, ich versuche es später noch einmal.

3 Wie bist du? Schreibe mindestens drei Wiewörter auf, die dich gut beschreiben.

____

____

4 Setze st oder sp in die Wiewörter ein.

___itz	___eil	___ark
___ill	___ät	___annend

spitz, steil, stark, still, spät, spannend

5 Lies den Text und kreise die Wörter mit St/st und Sp/sp ein.

Konfetti und Karlo gehen gern zum Sport.
Dort springt Karlo mit dem Springseil.
So wird er stark. Konfetti spielt lieber mit einem Ball.
Das macht ihm mehr Spaß. Es ist schon spät,
als die beiden nach Hause gehen. Sie laufen
durch die stille Nacht und betrachten die Sterne.
Nichts kann sie stören.

6 Sortiere die oben eingekreisten Wörter richtig.

Namenwörter	Tunwörter	Wiewörter

Namenwörter: Sport, Springseil, Spaß, Sterne
Tunwörter: springt, spielt, stören
Wiewörter: stark, spät, stille

Test: Wiewörter

▸ Lösungen: Seite 139

Kontrolliert? Hake ab:

1 Finde immer das Gegenteil.

dünn – ____________ nass – ____________

eng – ____________ leicht – ____________

2 Welche Wörter sind Wiewörter? Kreise sie ein und schreibe sie auf die Linien.

spät still bunt Spiel rund Freundin spielen klein

____

____

3 Steigere die Wiewörter.

hell – ____________ – ____________

bunt – ____________ – ____________

4 Setze die Wiewörter in die richtige Form.

Das ________ (alt) Haus sieht immer noch ________ (schön) aus. Die ________ (klein) Sterne leuchten ________ (hell) in der Nacht.

Kontrolliere alle Aufgaben.

Mach mit!

► Spiel doch auch einmal Detektiv. Schreibe einen Steckbrief über deinen Freund oder deine Freundin. Verwende dabei viele Wiewörter, um ihn oder sie genau zu beschreiben.

Steckbrief

Name: ____________________

Geburtstag: ____________________

Aussehen: ____________________

____

Besondere Kennzeichen: ____________________

____

Hobbys: ____________________

____

► Schreibe auf kleine Kärtchen Gegensatz-Paare von Wiewörtern. Drehe die Kärtchen um und spiele Gegensatz-Memory.

Vorlage zum Abpausen

Mach mit!

► Vergleiche den Text mit dem Bild. Welche sieben Fehler kannst du finden? Kreise sie im Bild ein.

Im Märchenland

Im Märchenland ist einiges los. Dornröschen liegt in ihrem Bett und träumt. Hänsel kommt zum Haus des Zauberers. Der Wolf trifft das kleine Rotkäppchen. Rapunzel kämmt ihre langen, lockigen Haare. Der gestiefelte Kater trägt eine kurze Jacke und hohe Stiefel.

Lösung: Boot, Hexenhaus, Fuchs, großes Rotkäppchen, Rapunzel mit kurzen, glatten Haaren, Kater mit Mantel und Halbschuhen

Karlo gestaltet für Konfetti ein neues Halsband. Er will es in bunten Farben anmalen, aber in einer bestimmten Reihenfolge. Hilf ihm dabei.

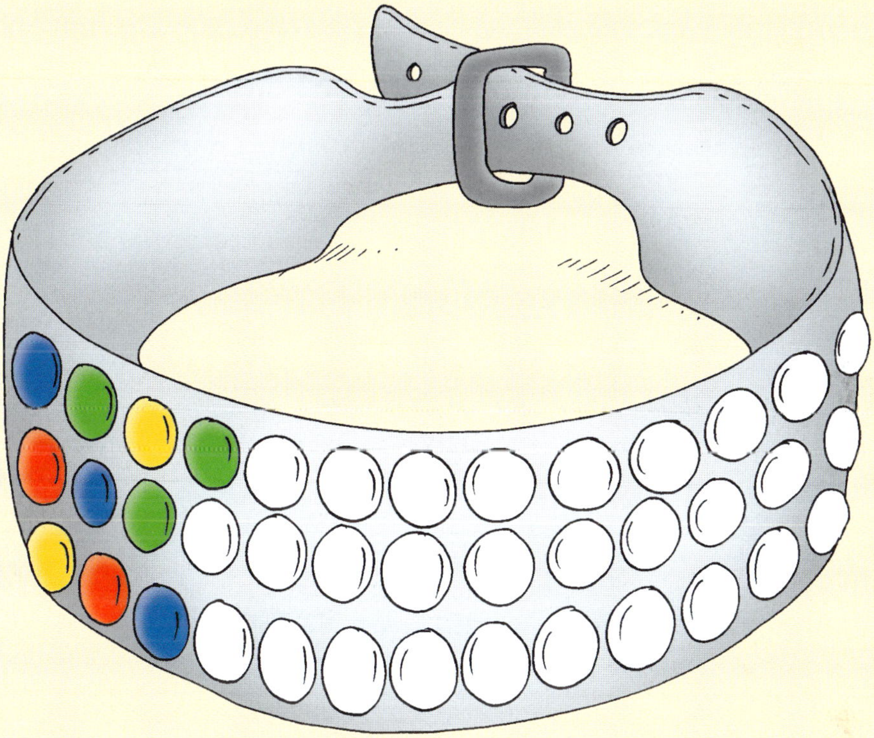

Konfetti sucht den Weg zu seinem Knochen. Hilf ihm durch das Labyrinth.

Lösung: Weg vier

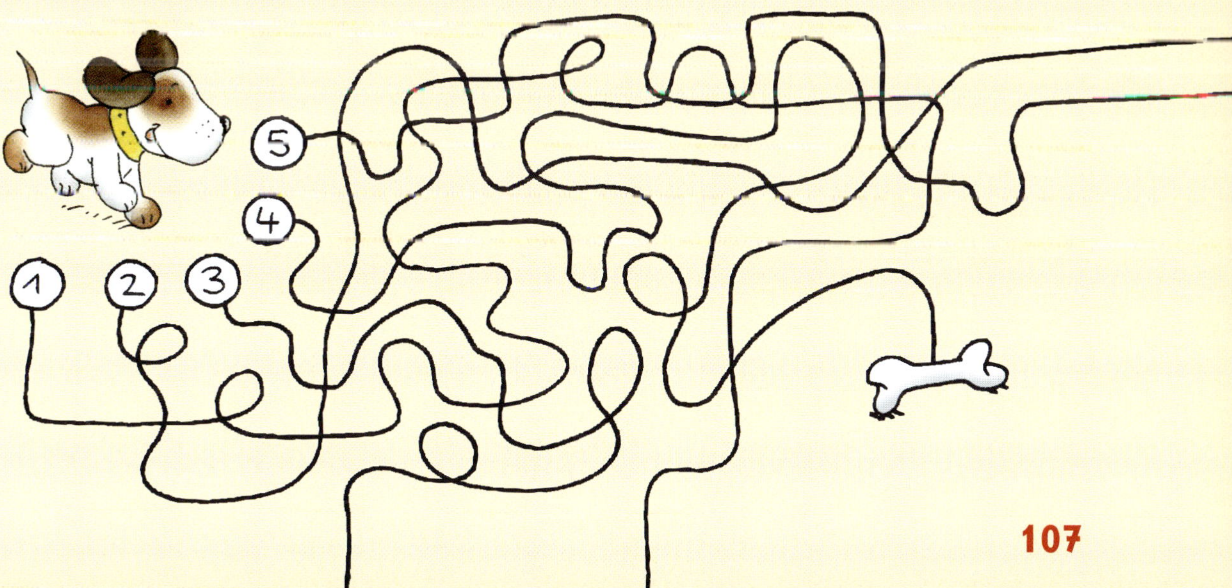

S Selbstlaute

1 Setze die passenden Selbstlaute an die richtigen Stellen.

M__hl

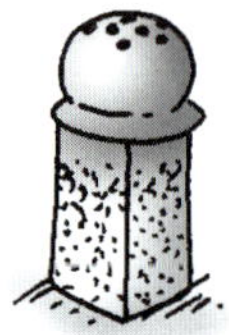

S__lz

Z__tr__n__

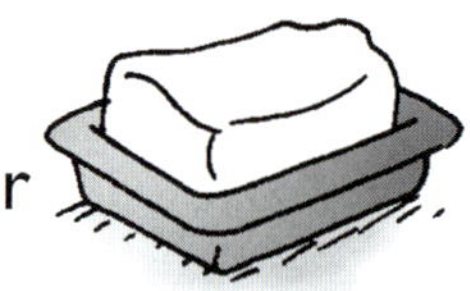

B__tt__r

Z__ck__r

2 Schreibe die Lebensmittel nun mit ihren Begleitern auf die Linien.

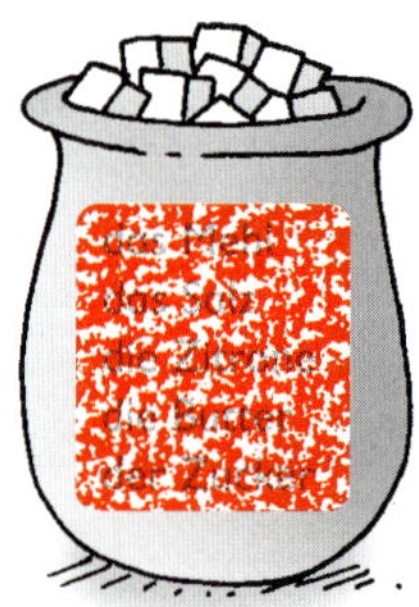

____

____

____

3 Wenn du Selbstlaute im Wort austauschst, ergeben sich neue Wörter. Versuche es einmal.

Hahn	Buch	Hase	Schule	Wind
H__hn	B__ch	H__se	Sch__le	W__nd

► Regelbuch: 8 9

4 Karlo schreibt Konfetti eine geheime Botschaft. Wenn du die richtigen Selbstlaute einsetzt, kannst du sie entschlüsseln. Schreibe den Text in dein Heft.

Luss ans um Muntug wundurn guhun.
Uch brungu Brut und Wussur mut. Kurlu

5 a) Selbstlaute können kurz oder lang klingen. Sprich die Wörter aus dem Kasten laut und deutlich. Entscheide, ob der rote Selbstlaut lang oder kurz klingt.

Nase   Stift   fragen   hopsen   schnell   lieb

b) Male unter die kurz gesprochenen Selbstlaute einen Punkt ⊡, unter die lang gesprochenen Selbstlaute einen Strich ⊟.

Nase   Stift   fragen
hopsen   schnell   lieb

? Wo willst du weiterüben? → Level 1 / Level 2

1 Selbstlaute

1 Selbstlaute können sich verändern.
Bilde die Mehrzahl der Wörter.

die Hand – die Hände

der Wald – die

der Hut –

der Stuhl –

das Buch –

der Sohn –

die Tochter –

2 a) Kreise immer den ersten Selbstlaut im Wort ein.

H(u)nd – Kugel	Bach – Lama
Tonne – Ofen	Geld – Keller

b) Klingen die eingekreisten Selbstlaute in den Wörtern lang oder kurz? Markiere lange Selbstlaute mit einem Strich ⊟ und kurze mit einem Punkt ⊡.

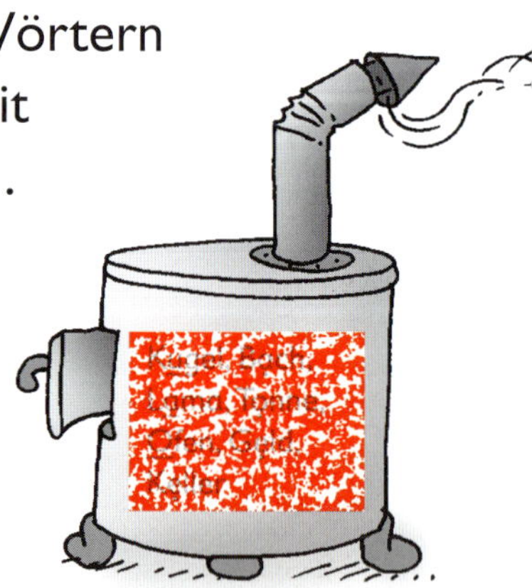

Hụnd – Kugel	Bach – Lama
Tonne – Ofen	Geld – Keller

3 Setze alle Wörter richtig zusammen und schreibe sie auf die Linien. Kreise dann alle ie ein.

-se -gen lie- Wie-

-ben flie- Lie- -gen -se

-der sie- Rie-

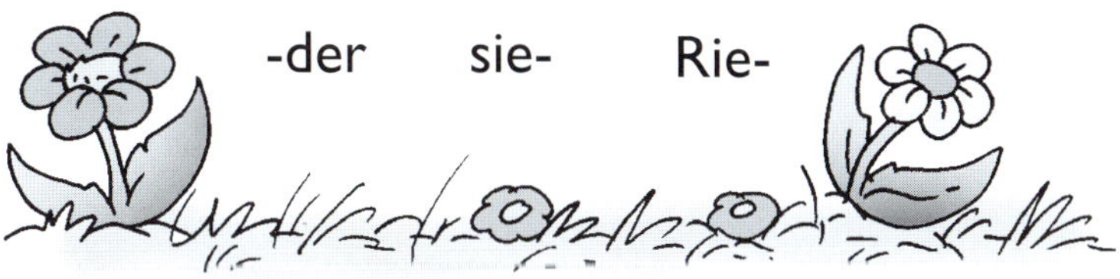

____

____

____

[redacted]

4 Trage die Wörter mit kurzem i und langem ie in die Lücken ein.

spielen	riechen	Witz	liegt	Kinder

Mit der Nase kann man ______________ . [redacted]

Papa erzählt gerne einen ______________ . [redacted]

Die ______________ ______________ mit dem Ball. [redacted]

Tom ______________ faul in der Sonne. [redacted]

? Traust du dich jetzt an Level 2 ?

2 Selbstlaute

1 Was Karlo alles im Koffer hat! Entscheide, ob sich der rote Selbstlaut im Wort lang oder kurz anhört. Trage die Wörter mit ihren Begleitern in die richtige Tabellenspalte ein.

Schal Hose Rock Buch Brille

Socken Schuhe Knochen Napf

Flasche Glas Brief Spiegel

langer Selbstlaut	kurzer Selbstlaut

der Schal, die Hose, das Buch, die Schuhe, das Glas, der Brief, der Spiegel

der Rock, die Brille, die Socken, der Knochen, der Napf, die Flasche

☐ Nein, ich arbeite weiter in Level 2.

☐ Ja, ich bearbeite **2** in Level 1.

☐ Ja, ich versuche es später noch einmal.

2 Die Selbstlaute in Karlos Lichtstrahl werden lang gesprochen. Du schreibst sie deshalb doppelt. Kreise die doppelten Selbstlaute ein.

See, Zoo, Haare, Boot, Tee, Saal

3 Karlo hat sich die Dinge falsch notiert.
Schreibe die Wörter in Klammern richtig auf die Zeilen.

Konfetti hat schöne (Traum) Träume.

Um das Haus hat man (Zaun) ______________ gebaut.

Die (Baum) ______________ sind sehr hoch.

Auf dem Dachboden wohnen viele (Maus) ______________.

4 Im Text findest du das Ei/ei als Bild. Lies den Text vor.
Schreibe ihn dann ins Heft und kreise Ei/ei ein.

So ◯n Durch◯nander

Karlo und Konfetti f◯ern ◯n Fest. Manche Gäste kommen von w◯t her. Alle t◯len sich ◯s und Tee. Karlo r◯mt gem◯nsam mit den Gästen. Aber alle schr◯en durch◯nander. So vergeht die Z◯t schnell.

T

Test: Selbstlaute

▸ Lösungen: Seite 139

Kontrolliert? Hake ab:

1 Trage die Selbstlaute (a, e, i, o, u) in die Lücken ein.

Gr__s F__hler s__hen r__fen Z__mmer

__fen M__nn p__ltern f__nkeln f__nden

2 Male unter die kurzen Selbstlaute einen Punkt, unter die langen Selbstlaute einen Strich.

Wal spucken Ziege meckern lieben

stehen spuken Schall zittern holen Reh

3 Bilde die Einzahl der Wörter.

die Wände – ______________

die Töne – ______________

die Hühner – ______________

4 Ordne die Wörter richtig zu.

Witz Boot Tier Blitz Moor Fee Haare

langer Selbstlaut: ______________

kurzer Selbstlaut: ______________

Kontrolliere alle Aufgaben.

Mach mit!

► Schneide alle Karten aus und lege Paare.
Du kannst Paare legen, in denen derselbe Selbstlaut kurz ist, und Paare aus einem langen Selbstlaut.
Auf Seite 116 findest du die Lösung.

Kran	Rose	Zeh	Regen
Biene	Butter	Buch	knicken
Witz	Knall	Fohlen	futtern
Fuhre	toll	platzen	Riegel
Reck	Hase	stolpern	schlecken

Mach mit!

Lösung:
kurz: Knall, platzen/toll, stolpern/schlecken, Reck/Witz, knicken/Butter, futtern
lang: Hase, Kran/Rose, Fohlen/Regen, Zeh/Biene, Riegel/Buch, Fuhre

► Suche in alten Zeitschriften nach Wörtern, deren Anfangsbuchstabe ein A, E, I, O oder U ist. Klebe sie in den Rahmen. Überlege dir eigene Wörter und schreibe sie dazwischen.

Mitlaute

1 Da hat sich Karlo aber vertan.
Lies die Sätze jemandem richtig vor.

Eine Nase mit schönen Blumen.
Ein Brot mit Mutter.
Ein Tuch mit vielen Seiten.

2 Schreibe die Sätze nun richtig auf die Linien.

Eine Vase ______________________________

____

____

[redacted]

3 Finde alle Mitlaute im See. Schreibe sie nach dem Alphabet geordnet auf die Linien.

b, c, ______________________________

____

[redacted]

▸ Regelbuch: 10

4 a) Karlo macht einen Spaziergang mit Konfetti. Gemütlich legen sich die beiden auf eine Wiese und schließen die Augen. Was hören sie alles? Kreise die doppelten Mitlaute im Text ein.

Lauter Geräusche

In der Ferne brummen und knattern Autos. Konfetti hört einen anderen Hund bellen. Auf der Baustelle am Rande der Wiese hämmern die Zimmerleute. Ein Bagger schaufelt eine Grube. Wenn die beiden genau hinhören, hören sie das Summen einer Hummel.

b) Schreibe die Wörter mit doppeltem Mitlaut nun auf die Schreiblinien.

____

____

____

5 Finde die passenden Reime.

voll – ____________ Pfanne – ____________

knallen – ____________ kennen – ____________

[redacted]

? Wo willst du weiterüben? → Level 1 → Level 2

Mitlaute

1 a) Verbinde die passenden Silben miteinander.

-sen	-len	hop-	But-	Bril-	-peln
-nen	Kis-	-men	rol-	-sen	Ket-
ren-	-ter	müs-	-te	kom-	-le

b) Schreibe die Wörter nun vollständig auf.
Kreise die doppelten Mitlaute ein.

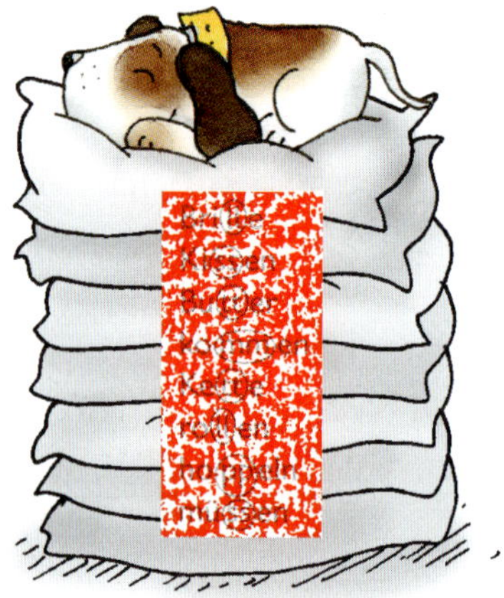

rennen, ______________________________

____

____

2 Welche doppelten Mitlaute fehlen in den Wörtern?
Setze rr, ll, mm, nn, tt und pp ein.

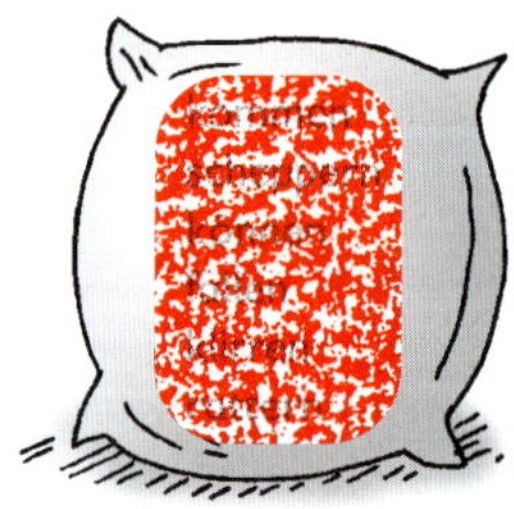

ko____en sche____ern kö____en

fa____en kli____en ra____ern

3 Schreibe die Wörter aus Aufgabe 2 getrennt auf.
Was stellst du fest?

kom-men, ______________________________

____

[redacted]

4 Setze das Tunwort in die richtige Form.

kennen – du ______________________

klammern – wir ______________________

treffen – er ______________________

rasseln – sie ______________________

klappern – ihr ______________________

trennen – ich ______________________

[redacted]

5 a) Da hat jemand St/st und Sp/sp vertauscht. Wie heißen die Wörter richtig? Schreibe sie auf die Linien.

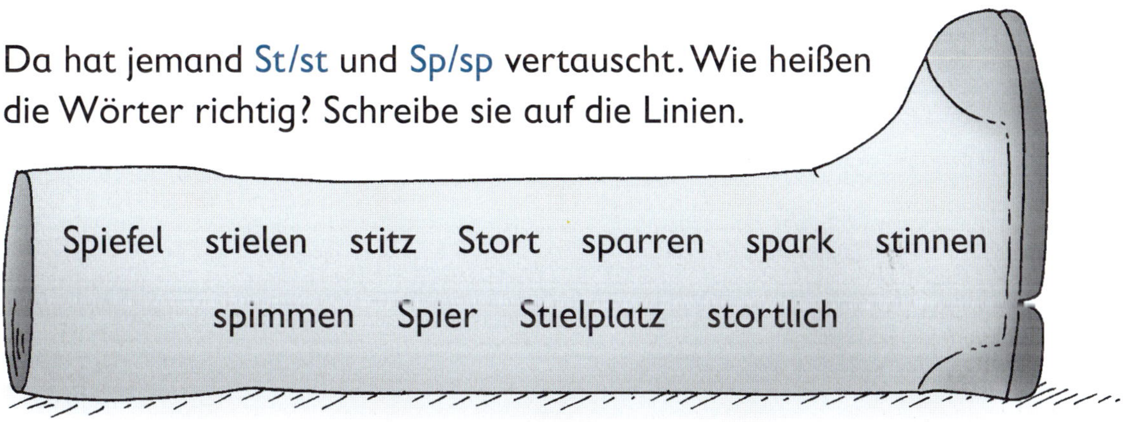

Spiefel stielen stitz Stort sparren spark stinnen

spimmen Spier Stielplatz stortlich

____

____

____

____

[redacted]

b) Kreise St/st und Sp/sp ein.

? Traust du dich jetzt an Level **2**?

Mitlaute

1 Setze die Tunwörter in den Klammern in der richtigen Form in den Text ein.

Konfetti ____________ (fressen) am liebsten Fleisch. Wenn er mit Karlo spazieren geht, ____________ (rennen) er für sein Leben gern. Er ________________ (schnuppern) auch gerne an Bäumen. Manchmal ____________ (bellen) er Katzen an. Dann ____________ (kläffen) auch andere Hunde.

[redacted]

2 Ergänze immer die Grundform. Trenne sie dabei in Silben, z. B. *er frisst – fres-sen*.

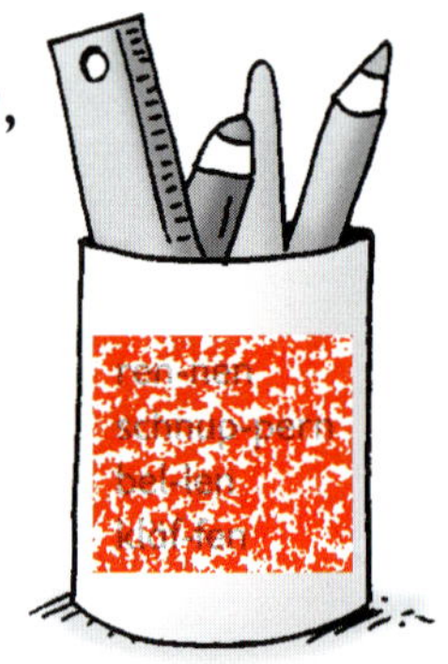

er rennt – ____________ er schnuppert – ______________

er bellt – ____________ sie kläffen – ______________

- ☐ Nein, ich übe weiter.
- ☐ Ja, ich schaue mir nochmals Regel 5 an.
- ☐ Ja, ich versuche es später noch einmal.

3 In jeder Zeile passt ein Wort nicht zu den anderen. Streiche es durch.

brummen – stimmen – Sonne – sammeln

Wanne – rollen – Tonne – Platte

4 a) Suche alle Wörter mit tz auf der Decke.
Trenne sie durch Striche voneinander ab.

b) Schreibe die Wörter getrennt auf.
Achtung: Zwei Wörter kannst du nicht trennen.

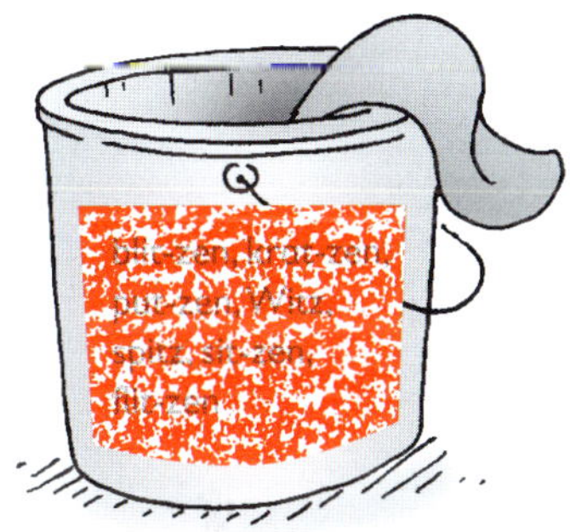
[redacted]

Kat-ze, ______________________

____

____

c) Ordne die Wörter nun entsprechend ein.

Namenwörter: ______________________

Tunwörter: ______________________

____

Wiewörter: ______________________

[redacted]

5 In manchen Wörtern findest du den besonderen Mitlaut ck.
Suche in der Wörterliste ab Seite 143 Wörter mit ck.
Schreibe sie ins Heft.

T

Test: Mitlaute

► Lösungen: Seite 140

1 Schreibe nur die Mitlaute nach dem Alphabet geordnet auf.

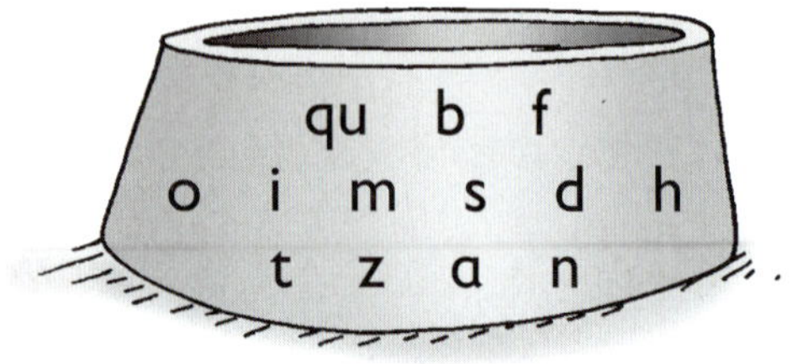

Kontrolliert? Hake ab:

2 Finde die Reimpaare und schreibe sie auf.
Kreise dann die doppelten Mitlaute ein.

Hammer   Futter   Spinne   Kammer   Rinne   Mutter

3 Trenne die Wörter richtig.

rennen –	Wasser –
schwimmen –	Zimmer –
Katze –	setzen –

4 Bilde die Grundform von diesen Tunwörtern.

er platzt –   wir sammeln –

Kontrolliere alle Aufgaben.

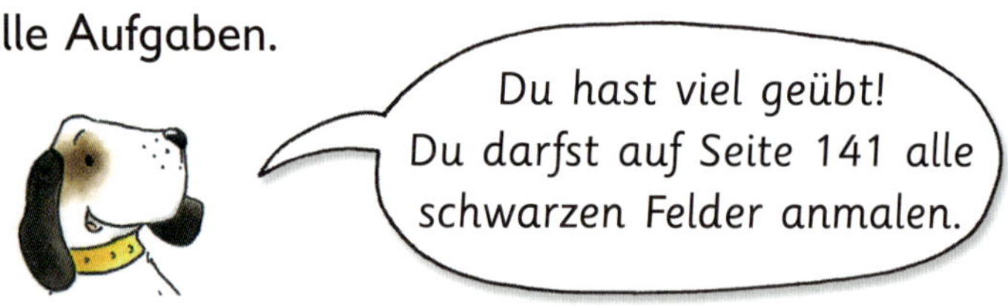

Mach mit!

► Im Gitternetz haben sich zwölf Wörter mit doppelten Mitlauten versteckt. Findest du sie alle?

L	S	Z	X	F	G	L	S	T	D	H	V	O	L	L
D	F	K	E	N	N	E	N	P	Q	N	B	K	B	P
K	S	S	N	M	B	Y	G	R	S	F	X	Ü	G	D
Ö	G	T	S	B	L	A	S	S	G	E	R	S	J	X
N	Q	I	N	X	S	G	M	P	F	L	Y	S	F	H
N	S	L	K	T	L	X	N	R	O	L	L	E	R	K
E	R	L	H	B	K	P	A	M	T	X	V	N	S	Ä
N	V	W	C	A	T	K	S	F	S	L	R	G	F	M
V	B	G	N	L	F	C	S	S	B	M	S	H	N	M
R	T	Q	K	L	A	P	P	E	R	N	X	L	D	E
Z	C	F	K	X	B	P	G	H	W	L	C	S	N	N

Lösung: ↓ können, still, Ball, nass, Fell, küssen, kämmen
→ voll, kennen, blass, Roller, klappern

► Blättere noch einmal zurück auf die Seite 123. Betrachte die Wörter auf der Decke und merke sie dir gut. Schreibe sie nun hier noch einmal auf.

► Suche in der Wörterliste nach Wörtern mit tz. Wie viele findest du?

Mach mit!

► Finde das Lösungswort.

Das Lösungswort heißt: _ _ _ _ _ _ _ _ .

Lösung: Konfetti

► Schau genau: Wie viele Bälle und wie viele Sterne sind im Bild versteckt? Male die Bälle grün, die Sterne gelb an.

Lösung: sieben Bälle, fünf Sterne

► Zum Schluss darfst du dich noch einmal bewegen. Schleiche auf allen vieren wie eine Katze. Hüpfe wie ein Känguru. Hopple wie ein Hase. Fällt dir noch etwas ein?

► Male das Mandala in deinen schönsten Farben an.

S

Wörter und Sätze

1 Füge die Silben zu Wörtern. Schreibe die Wörter mit ihren Begleitern auf.

~~Be-~~	-pe	En-	Kin-	-se
Na-	-te	-der	~~-cher~~	Lam-

der Becher, ______________________________

____

____

2 Zeichne Silbenbögen unter die Wörter, z. B. der Becher.
Stimmt das, was Karlo sagt?

☐ Ja, es stimmt.

☐ Nein, es stimmt nicht.

3 Karlo möchte die Wörter von oben verkleinern.
Das kann er mit den Endsilben -chen und -lein.

das Becherchen/das Becherlein, ______________________________

____

____

____

____

▸ Regelbuch: 11

4 Setze die Tunwörter in ihrer richtigen Form in die Lücken ein.

Petra läuft (laufen) schnell.

Ihr ______________ (üben) aber fleißig!

Karlo ______________ (kochen) gut.

Konfetti und Karlo ______________ (rätseln) gerne.

5 Bilde Sätze. Setze am Ende des Satzes einen Punkt.

~~Auto~~, Eis, Kind, Glocke, Katze

~~fahren~~, schmecken, laufen, läuten, schnurren

~~langsam~~, lecker, schnell, laut, gemütlich

Das Auto fährt langsam. Das ______________________________

____

____

____

____

[redacted]

? Wo willst du weiterüben? → Level 1 / → Level 2

1 Wörter und Sätze

1 Konfetti fängt Wörter und macht Sätze daraus. Hilf ihm. Denke an die Groß- und Kleinschreibung und den Punkt am Ende des Satzes.

JUNGE, PFEIFEN, LAUT

MAUS, PIEPSEN, LEISE

SCHMETTERLING, FLATTERN, FRÖHLICH

Der Junge pfeift laut.

[redacted]

2 Trenne die einzelnen Wörter in den Schlangensätzen durch Striche ab.

DasKindsingtschön.

MamabacktleckerenKuchen.

Julialäuftschnell.

KarlolöstschwierigeRätsel.

Konfettischläfttiefundfest.

[redacted]

3 Betrachte Karlo genau.
Welche Aussagen stimmen? Kreuze an.

- ☐ Karlo hat einen Koffer.
- ☐ Karlo trägt eine Handtasche.
- ☐ Der Detektiv winkt.
- ☐ Der Detektiv weint.

4 Wo enden die Sätze? Schreibe Satz für Satz ins Heft und setze das richtige Satzschlusszeichen. Regel 12 hilft dir.

Karlo ist ein Lern-Detektiv Konfetti ist ein Hund
Magst du Konfetti gerne Ich liebe Konfetti
Im Urlaub möchte Karlo wandern Was hat er
in seinem Gepäck Da musst du ihn schon selbst fragen

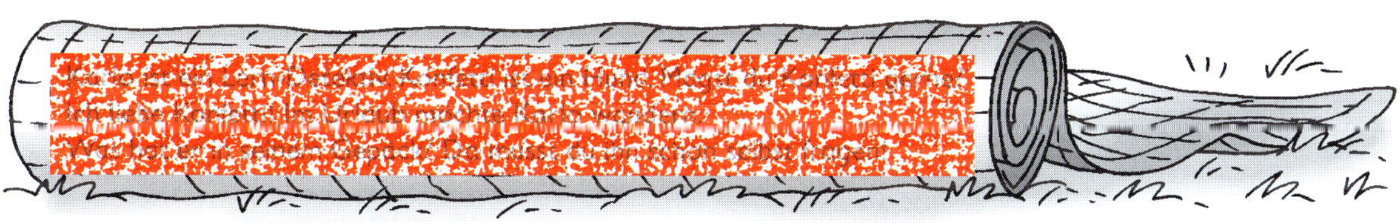

5 Nach Ausrufen folgt ein Ausrufezeichen.
Nach Fragen ein Fragezeichen. Fülle die Lücken richtig.

1. Wo hast du deine Schulsachen gelassen ☐
2. Jetzt höre mir endlich einmal zu ☐
3. Gib mir sofort mein Buch zurück ☐
4. Leihst du mir deinen Bleistift ☐

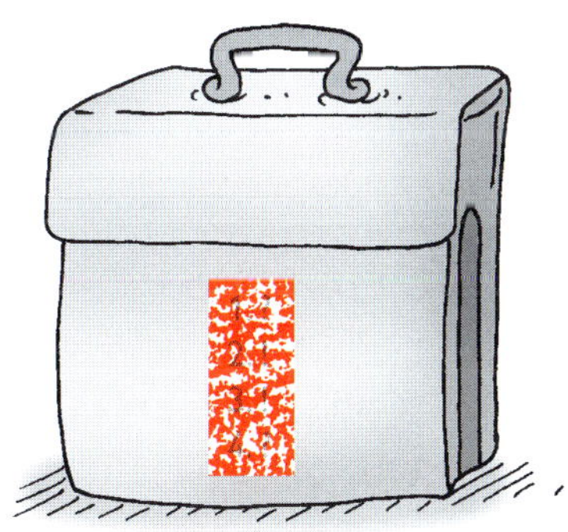

? Traust du dich jetzt an Level **2** ?

2 Wörter und Sätze

1 Karlo erhält einen Brief von seinem Onkel Theo.
Schreibe den Text richtig mit Groß- und Kleinbuchstaben auf.
Denke auch an die Punkte am Ende der Sätze.

LIEBER KARLO,
ICH KOMME AM MITTWOCH ZU DIR HOLE MICH
BITTE VOM BAHNHOF AB ICH FREUE MICH SCHON
DEIN ONKEL THEO

[redacted]

____

____

____

____

2 Karlo bereitet alles vor.
Ergänze die Fragewörter: Wo? Wann? Was?
Welches Zeichen steht am Ende der Sätze?

__________ isst Onkel Theo gerne ☐

__________ kommt er eigentlich an ☐

__________ soll Theo schlafen ☐

[redacted]

☐ Nein, ich übe weiter.

☐ Ja, ich schaue mir noch einmal die Aufgaben **3** – **5** in Level 1 an.

3 Karlo ist ganz aufgeregt. Er fordert Konfetti ständig auf, Dinge zu tun. Bilde Aufforderungssätze. Regel 12 hilft dir.

Still sitzen | Leise sein

Pantoffeln bringen | Körbchen aufräumen

Sitz still!

4 Nach Onkel Theos Besuch schreibt Karlo in sein Tagebuch. Leider sind seine Sätze durcheinandergeraten. Bringe sie wieder in die richtige Reihenfolge. Denke an die Satzzeichen.

war | zu Besuch | Onkel Theo

ist | Mein Onkel | ein lustiger Mann

viele Ausflüge | Wir | haben | unternommen

wieder | er | kommt | Wann

T

Test: Wörter und Sätze

► Lösungen: Seite 140

1 Finde die Verkleinerungsform zu diesen Wörtern:
die Maus, das Bild, der Stern, der Topf.
Schreibe sie mit ihrem Begleiter auf die Linien.

Kontrolliert? Hake ab: ☐

2 Bilde drei Sätze. Schreibe sie auf.

Sonne	singen	schön
Mama	schlafen	leise
Kinder	scheinen	tief

☐

3 Setze die richtigen Satzzeichen in die Lücken.

Es ist Sommer___ Sei bitte still___

Hörst du die Bienen summen___

Die Vögel zwitschern fröhlich___

☐

Kontrolliere alle Aufgaben.

Du hast viel geübt!
Du darfst auf Seite 141 alle orangen Felder anmalen.

Mach mit!

► **Das Frage-Antwort-Spiel**

Dieses Spiel spielt ihr mit mehreren Mitspielern. Ein Spieler stellt eine Frage, die am besten mit Ja oder Nein zu beantworten ist. Der Mitspieler links neben ihm muss antworten. Die Antwort darf jedoch die Wörter Ja oder Nein nicht enthalten. Dann stellt er eine Frage an seinen linken Nachbarn. Reihum geht es weiter. Wer Ja oder Nein verwendet, scheidet aus. Übrig bleibt der Gewinner.

► Spiele Reporter und befrage deinen Freund oder deine Freundin. Du kannst z. B. zu diesen Themen Fragen aufschreiben:

Lieblingstier Lieblingsfarbe aufstehen Frühstück Schule

Was ist dein Lieblingstier?

► Er ist weiß-braun gescheckt, bellt und frisst gerne Knochen. Außerdem hilft er dir beim Lernen. Wer ist es? Denke dir auch solche Rätsel aus. Wer kann sie erraten?

Lösung: Konfetti!

Mach mit!

► Im Suchbild haben sich verschiedene Tiere versteckt. Finde sie und male sie an. Zähle dann, wie viele du von jeder Sorte findest. Male zuletzt die Bäume und Büsche braun und grün an.

____ Rehe	____ Hasen	____ Igel
____ Vögel	____ Eichhörnchen	____ Wildschwein

Lösung: drei Rehe, fünf Hasen, zwei Igel, sieben Vögel, drei Eichhörnchen, ein Wildschwein

► Welche Wörter werden hier dargestellt?
Denke dir weitere Rätsel aus.

Lösung: Fußball, Haustür, Gespensterschloss

► Schau einmal in Konfettis Knochenkiste.
Bevor du nachzählst: Schätze, wie viele
Knochen sich in der Kiste befinden.

Ich schätze: Es sind ____ Knochen.

Ich zähle: Es sind ____ Knochen

Lösung: Es sind 18 Knochen.

► Spiele mit einem Partner „Max sitzt in der Badewanne“:
Schreibe ein Namenwort oben auf ein Blatt Papier.
Falte das Blatt nach hinten und gib es deinem Partner weiter. Der schreibt ein Tunwort oben aufs Papier und faltet das Blatt nach hinten. Nun bist du wieder dran und schreibst einen Ort auf, z. B. *im Baumhaus*, *in der Badewanne*. Faltet das ganze Blatt auf.
Hat sich ein witziger Satz ergeben? Lies ihn vor.

A Lösungen zu den Tests

Seite 74: Rund um das Abc

1. Ameise, Bär, Ente, Frosch, Gans, Maus, Nashorn, Qualle, Tiger, Zebra

2. Kinder – Kin-der, Garten – Gar-ten, spielen – spie-len, lernen – ler-nen

3. bequem, Qualle, quieken, quengeln, quaken

Seite 84: Namenwörter

1. die Nase – der Mund – die Augen (Körperteile)
   das Pferd – die Katze – die Maus (Tiere)
   der Topf – die Pfanne – der Herd (Küchengeräte)

2. der Gartenstuhl, die Handtasche

3. die Pferde, die Gärten, die Häuser

Seite 94: Tunwörter

1. löst, wandert, fährt, begleitet, spielen

2. Mia schreibt einen Brief.
   Mama und Leo essen gern Tomaten.
   Lea schimpft mit der frechen Katze.
   Ich schaue aus dem Fenster.
   Wir werfen den Ball gegen die Wand.

3. mitspielen, umdrehen, einsammeln

Seite 104: Wiewörter

1. dünn – dick, nass – trocken, eng – weit, leicht – schwer

2. spät, still, bunt, rund, klein

3. hell – heller – am hellsten
   bunt – bunter – am buntesten

4. Das alte Haus sieht immer noch schön aus.
   Die kleinen Sterne leuchten hell in der Nacht.

Seite 114: Selbstlaute

1. Gras, Fehler, sehen, rufen, Zimmer,
   Ofen, Mann, poltern, funkeln, finden

2. Wal, spucken, Ziege, meckern, lieben,
   stehen, spuken, Schall, zittern, holen, Reh

3. die Wände – die Wand, die Töne – der Ton,
   die Hühner – das Huhn

4. langer Selbstlaut: Boot, Tier, Moor, Fee, Haare
   kurzer Selbstlaut: Witz, Blitz

A Lösungen zu den Tests

Seite 124: Mitlaute

1. b, d, f, h, m, n, qu, s, t, z

2. Hammer – Kammer,
   Futter – Mutter,
   Spinne – Rinne

3. ren-nen, Was-ser,
   schwim-men, Zim-mer,
   Kat-ze, set-zen

4. er platzt – platzen, wir sammeln – sammeln

Seite 134: Wörter und Sätze

1. die Maus – das Mäuslein oder das Mäuschen
   das Bild – das Bildlein oder das Bildchen
   der Stern – das Sternlein oder das Sternchen
   der Topf – das Töpflein oder das Töpfchen

2. Die Sonne scheint schön.
   Mama singt leise/schön. / Mama schläft tief.
   Die Kinder schlafen tief. / Die Kinder singen leise/schön.

3. Es ist Sommer.
   Sei bitte still!
   Hörst du die Bienen summen?
   Die Vögel zwitschern fröhlich.

Du hast toll geübt!

Male die Felder in der richtigen Farbe an:

ge = Gelb r = Rot b = Blau

br = Braun gr = Grün o = Orange schw = Schwarz

A Wichtige Begriffe

Begriff	So kannst du auch sagen	Beispiel
Namenwort	Hauptwort, Nomen, Substantiv	Ball, Kind, Hund, Baum
Bestimmter Begleiter	Bestimmter Artikel	der, die, das
Unbestimmter Begleiter	Unbestimmter Artikel	ein, eine
Einzahl	Singular	Ball
Mehrzahl	Plural	Bälle
Tunwort	Zeitwort, Verb	lachen, fahren, blühen
Grundform		lernen
Personalform		ich lerne, du lernst, wir lernen …
Wiewort	Eigenschaftswort, Adjektiv	groß, lustig, fröhlich
Selbstlaut	Vokal	a, e, i, o, u
Mitlaut	Konsonant	b, c, d, f …

Wörterliste

Arbeit mit der Wörterliste
Die Wörterliste hilft dir bei deinen Übungen.
In der Wörterliste kannst du einige Lernwörter aus den Übungen noch einmal nachschlagen.
Du kannst aber auch nach Wörtern suchen.

Hinten in deinem Regelbuch findest du außerdem Spiele, mit denen du das Nachschlagen von Wörtern üben kannst. Bestimme selbst, wann du damit üben willst.

A

der **Affe**, die **Affen**
alle
alt
antworten
der **Apfel**, die **Äpfel**
das **Auge**, die **Augen**
das **Auto**, die **Autos**

B

der **Bagger**, die **Bagger**
der **Ball**, die **Bälle**
die **Banane**, die **Bananen**
die **Bank**, die **Bänke**
der **Baum**, die **Bäume**
bei
das **Bein**, die **Beine**
bekommen
bellen
die **Beule**, die **Beulen**
die **Beute**
das **Bild**, die **Bilder**
das **Blatt**, die **Blätter**
blau
blitzen
die **Blume**, die **Blumen**
das **Boot**, die **Boote**
böse
breit
der **Brief**, die **Briefe**
bringen
das **Brot**, die **Brote**
der **Bruder**, die **Brüder**
das **Buch**, die **Bücher**

bunt
die **Butter**

C der **Computer,** die **Computer**

D **danken**
dann
dein
der
dick
die
drehen
dünn

E **eckig**
das **Ei,** die **Eier**
der **Eimer,** die **Eimer**
ein, eine
eins
das **Eis**
die **Ente,** die **Enten**
essen
die **Eule,** die **Eulen**
extra

F **fahren**
das **Fahrrad,** die **Fahrräder**
fallen
die **Familie,** die **Familien**
fangen
feiern
das **Fenster,** die **Fenster**
das **Feuer,** die **Feuer**
finden
fliegen
flitzen
das **Flugzeug,** die **Flugzeuge**
fragen
die **Frau,** die **Frauen**
freuen
der **Freund,** die **Freunde**
die **Freundin,** die **Freundinnen**
fröhlich
das **Futter**

G **ganz**
der **Garten,** die **Gärten**
gehen
das **Geld**
das **Gras,** die **Gräser**
groß
gut

H das **Haar,** die **Haare**
haben
halten
der **Hammer,** die **Hämmer**
die **Hand,** die **Hände**
hängen
der **Hase,** die **Hasen**
das **Haus,** die **Häuser**
das **Heft,** die **Hefte**
heiß
helfen
hell
heulen
heute
die **Hexe,** die **Hexen**
hexen
hin

hinein
hinunter
holen
hören
das **Huhn,** die **Hühner**
die **Hummel,** die **Hummeln**
der **Hund,** die **Hunde**
hüpfen

I
der **Igel,** die **Igel**
ihm
ihn
ihr
im
immer
in
ist

J
die **Jacke,** die **Jacken**
jede
jetzt
jung
der **Junge,** die **Jungen**

K
kämmen
die **Kanne,** die **Kannen**
die **Kasse,** die **Kassen**
die **Katze,** die **Katzen**
kaufen
der **Keller,** die **Keller**
kennen
das **Kind,** die **Kinder**
das **Kissen,** die **Kissen**
die **Klasse,** die **Klassen**
klein
klettern
knallen
knattern
kommen
können
kurz
kratzen

L
lachen
die **Lampe,** die **Lampen**
lang
langsam
lassen
laufen
legen
der **Lehrer,** die **Lehrer**
die **Lehrerin,** die **Lehrerinnen**
leicht
die **Leine,** die **Leinen**
lernen
lesen
leuchten
die **Leute**
das **Lied,** die **Lieder**
liegen
lustig

M
machen
man
der **Mann,** die **Männer**
der **Mantel,** die **Mäntel**
die **Maus,** die **Mäuse**
das **Meer,** die **Meere**
das **Mehl**
mehr

mein
mir
mit
der **Mund**
müssen
mutig
die **Mutter**, die **Mütter**
die **Mütze**, die **Mützen**

N der **Nagel**, die **Nägel**
der **Napf**, die **Näpfe**
die **Nase**, die **Nasen**
nass
nehmen
das **Nest**, die **Nester**
neu
neugierig
die **Nuss**, die **Nüsse**

O der **Ofen**, die **Öfen**
oft
das **Ohr**, die **Ohren**
die **Oma**, die **Omas**
der **Onkel**, die **Onkel**
der **Opa**, die **Opas**

P das **Paar**, die **Paare**
das **Papier**, die **Papiere**
die **Pause**, die **Pausen**
die **Pfanne**, die **Pfannen**
das **Pferd**, die **Pferde**
der **Platz**, die **Plätze**
plötzlich
die **Puppe**, die **Puppen**
putzen

Q **quaken**
die **Qualle**, die **Quallen**
der **Quatsch**
quer
quieken

R der **Regen**
reiten
rennen
der **Ring**, die **Ringe**
rufen

S **sagen**
der **Salat**, die **Salate**
das **Salz**
sammeln
schauen
schenken
schlafen
der **Schlüssel**, die **Schlüssel**
der **Schnee**
schön
der **Schrank**, die **Schränke**
schreiben
schreien
die **Schule**, die **Schulen**
schwarz
das **Schwein**, die **Schweine**
schwimmen
der **See**, die **Seen**
setzen
singen
sinken
sitzen
die **Sonne**

der **Spaß**
spät
spielen
spitz
der **Sport**
springen
stark
stecken
stehen
steigen
der **Stein**, die **Steine**
stellen
der **Stern**, die **Sterne**
der **Stiefel**, die **Stiefel**
still
stinken
stolpern
die **Straße**, die **Straßen**
streiten
der **Stuhl**, die **Stühle**
stumm
summen
die **Suppe**, die **Suppen**

T

tanzen
die **Tasse**, die **Tassen**
der **Tee**
teuer
tief
das **Tier**, die **Tiere**
der **Tisch**, die **Tische**
toll
der **Topf**, die **Töpfe**
der **Traum**, die **Träume**
trocken

U

üben
über
um
uns
unten

V

der **Vater**, die **Väter**
viel
vier
der **Vogel**, die **Vögel**
voll
von
vorbei

W

das **Wasser**
weich
wenn
wie
wieder
die **Wiese**, die **Wiesen**
der **Wind**, die **Winde**
wir
wollen
das **Würstchen**, die **Würstchen**

Z

der **Zahn**, die **Zähne**
der **Zaun**, die **Zäune**
zeigen
die **Zeit**, die **Zeiten**
der **Zettel**, die **Zettel**
das **Ziel**, die **Ziele**
die **Zitrone**, die **Zitronen**
der **Zoo**
zwei
der **Zweig**, die **Zweige**

A So übst du mit dem Regelbuch

Bevor du mit dem Üben beginnst,
bastle dir dein eigenes Regelbuch.

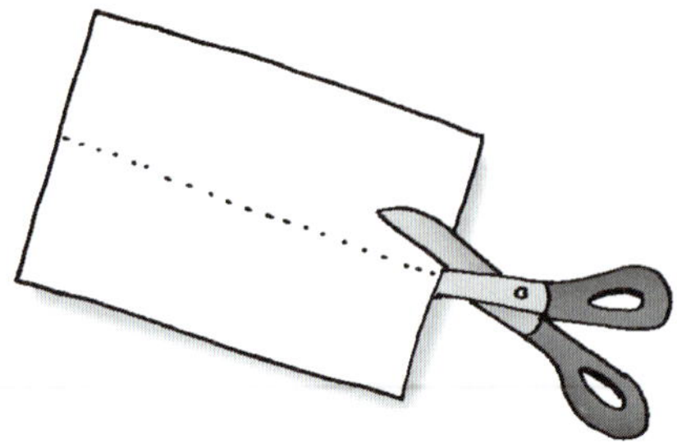

So geht's:

1. Schneide die folgenden Seiten entlang der gestrichelten Linien auseinander.

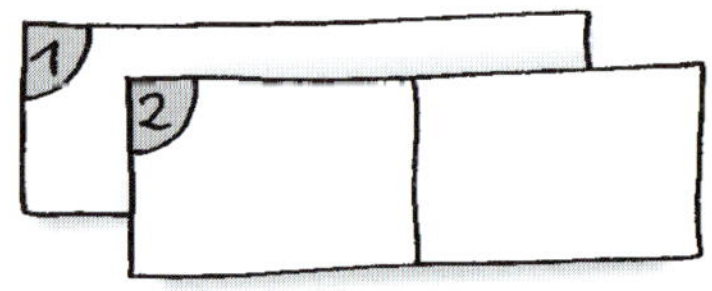

2. Ordne die Papierstreifen:
   Beginne mit Regel 1 und lege nacheinander Regel 2 bis 10 aufeinander.
   Achte auf die Zahlen links oben in der Ecke.

3. Lege die Streifen genau aufeinander und falte sie sorgfältig in der Mitte zusammen.

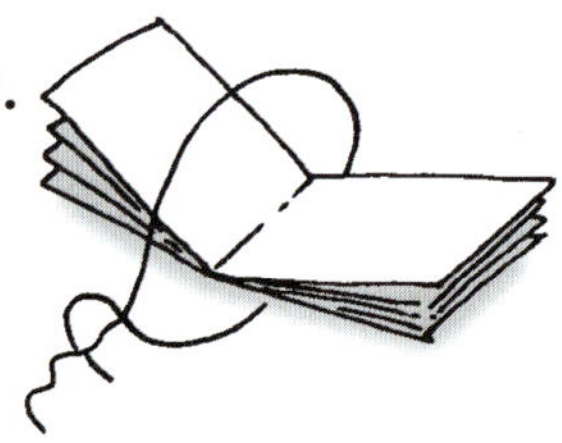

4. Nun musst du nur noch einen Bindfaden in die Falze der Mitte legen und die Enden miteinander verknoten. Fertig!

So kannst du mit dem Regelbuch üben:

1. Lies dir die Regel auf der linken Seite genau durch.

2. Sieh dir das Beispiel darunter an. Hast du es verstanden? Manchmal verstehst du es besser, wenn du das Beispiel einmal selbst aufschreibst.

3. Teste die Regel mit der grünen Aufgabe: Bearbeite die Aufgabe zuerst in deinem Übungsheft. Kontrolliere und übertrage die richtige Lösung sauber in das Regelbuch.

Regelbuch zu Lernprofi Deutsch, 2. Klasse

2. Klasse

Deutsch

Regelbuch

Wörter bauen

Suche die Wörter zu diesen Bildern und baue zusammengesetzte Namenwörter daraus.

 +  = Apfelbaum

 +  = ______ [illegible]

 +  = ______ [illegible]

 +  = ______ [illegible]

Teste die Regel:

Schreibe die Wörter in die passende Spalte:

Blume, Fisch, Kind, Stift, Mutter, Gras, Katze, Fahrrad

Dinge	Tiere	Pflanzen	Menschen

[illegible]

1

Namenwörter

Namenwörter sind Namen für Dinge, Tiere, Pflanzen und Menschen. Sie werden großgeschrieben.

Beispiel:
Lampe
Hund
Baum
Lehrerin

Wörter bauen

Suche in der Wörterliste immer zwei Wörter, die du zu einem neuen Wort zusammenbauen kannst, z. B.

der Apfel	+	der Baum	=	der Apfelbaum
	+		=	
	+		=	
	+		=	

2

Namenwörter haben Begleiter

Die bestimmten Begleiter sind: der, die, das.

Beispiel:
der Tisch, die Katze, das Heft

Die unbestimmten Begleiter sind: ein, eine.

Beispiel:
ein Tisch, eine Katze

Suchspiel 2

Suche nun in der Wörterliste:

5. das zwölfte Wort unter K: ____________________
6. das dritte Wort unter N: ____________________
7. das zwanzigste Wort unter S: ____________________
8. das fünfzehnte Wort unter H: ____________________

3

Einzahl und Mehrzahl

Namenwörter stehen
in der Einzahl oder in der Mehrzahl.

Beispiel:
Einzahl: der Stift, das Heft
Mehrzahl: die Stifte, die Hefte

Alphabetisch sortieren

Wenn der erste Buchstabe bei den Wörtern gleich ist,
musst du nach dem zweiten Buchstaben sortieren.
Schreibe die Begriffe mit ihrem Begleiter auf die Linien.

Buch Bein Blatt Ball Boot

4

Tunwörter

Tunwörter sagen, was Menschen, Tiere oder Dinge tun.
Sie werden kleingeschrieben.

Beispiel:
spielen
lesen
leuchten
raten

Bilder zuordnen

Suche Wörter in der Wörterliste, deren Anfangsbuchstaben das Lösungswort „Konfetti“ ergeben. Schreibe sie auf und unterstreiche den Anfangsbuchstaben.

S5

Suchspiel 2

Suche in der Wörterliste:

1. das fünfte Wort unter A: ______________________
2. das dritte Wort unter E: ______________________
3. das elfte Wort unter F: ______________________
4. das erste Wort unter I: ______________________

Teste die Regel:

Finde die passenden bestimmten Begleiter.

der
die
das

Bank, Tuch, Winter,
Spiel, Hose, Tisch

____

____

S4

Alphabetisch sortieren

Wenn der erste Buchstabe bei den Wörtern gleich ist, musst du nach dem zweiten Buchstaben sortieren. Schreibe die Begriffe mit ihrem Begleiter auf die Linie.

Stern See Salat Sonne

____

Teste die Regel:

Bilde zu diesen Wörtern wieder die Einzahl.

Mäuse, Treppen, Gärten, Bücher, Straßen, Bilder

____

____

____

5

Tunwörter können ihre Form verändern

Tunwörter haben eine Grundform.
Oft verändern sie ihre Form.

Beispiel:
Grundform: spielen
Personalform, veränderte Form:

ich spiele	wir spielen
du spielst	ihr spielt
er, sie, es spielt	sie spielen

Suchspiel 1

Finde Wörter und schreibe sie auf die Linien.

Finde einen Familienangehörigen unter „O“.

Finde ein Kleidungsstück unter „J“.

6

Vorsilben

Vorsilben sind Wortbausteine.
Du kannst damit die Bedeutung von Wörtern verändern.
Häufige Vorsilben sind ver-, vor-, ab-, aus-, ein-.

Merke dir:
Die Vorsilben ver- und vor- werden mit v geschrieben.

Beispiel:

lesen:	vorlesen
brauchen:	verbrauchen
messen:	abmessen

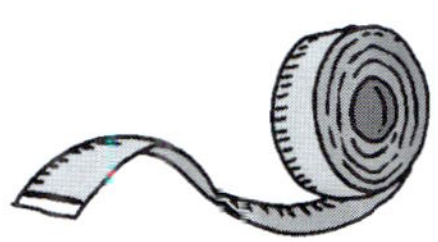

Wörter nach dem Abc ordnen

Schreibe die Wörter hier geordnet auf.

S3

Bilder zuordnen

Suche die Wörter für die Bilder in der Wörterliste und schreibe sie auf. Die Anfangsbuchstaben der Wörter ergeben ein Lösungswort.

Lösungswort: ______

______

Teste die Regel:

Welches Wort passt nicht in die Reihe?

rechnen – still – singen – trinken ______

malen – laufen – Maus – essen ______

weit – weinen – fahren – lernen ______

S2

Suchspiel 1

Finde Wörter und schreibe sie auf die Linien.

Finde eine Obstsorte unter „A".

______

Finde ein Tier unter „H".

______

Teste die Regel:

Finde die richtige veränderte Form.

bauen – er ______

riechen – du ______

malen – wir ______

denken – ihr ______

rechnen – ich ______

7

Wiewörter

Wiewörter beschreiben, wie Menschen, Tiere oder Dinge sind.
Sie werden kleingeschrieben.
Die meisten Wiewörter kannst du steigern.

Beispiel:
Grundform: süß
1. Vergleichsstufe: süßer
2. Vergleichsstufe: am süßesten

Spiele zur Wörterliste

8

Selbstlaute

Die Buchstaben a, e, i, o, u nennt man Selbstlaute.
Die Selbstlaute klingen durch sich selbst.
Die Buchstaben ä, ö, ü sind Umlaute.
Alle anderen Buchstaben heißen Mitlaute.

Merke dir: In der deutschen Sprache erhält jede Silbe eines Wortes mindestens einen Selbstlaut oder Umlaut.

Beispiel:
Te-le-fon, Flö-te, Pa-pier-tü-te

Teste die Regel:

Setze die passenden Satzschlusszeichen ein.

Die Schule ist aus__ Ines geht nach Hause__

Mama fragt: „Wie war es in der Schule__“

Ines ruft: „Wie immer – lustig__“

[redacted]

S1

Wörter nach dem Abc ordnen

Ordne die Wörter nach dem Abc.

Ente Hase Zebra Igel Qualle Katze

Maus Fisch Pferd Affe Vogel

Teste die Regel:

Setze Vorsilben vor das Tunwort *malen*.
Merkst du, wie sich die Bedeutung verändert?

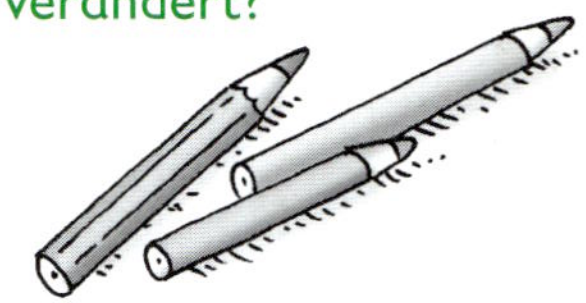

ab-
aus-
vor-

malen

____

____

Teste die Regel:

Setze die passende Form der Wiewörter ein.

Ich bin stärker (stark) als mein Bruder.

Paul ist __________ (klein) als Paula.

Das Buch ist ________________(spannend) als dein Buch.

Der rote Apfel ist __________ (süß) als der grüne Apfel.

9

Kurze und lange Selbstlaute

Es gibt kurz und lang gesprochene Selbstlaute.

Beispiel:
kurzer Selbstlaut: ein kurzes a in nass
langer Selbstlaut: ein langes a in Nase

Merke dir:
Wenn ein i lang klingt, so schreibt man es oft ie,
z. B. Spiegel.

Teste die Regel:

Setze die folgenden Silbenteile wieder zu Wörtern zusammen:

ba – ra – Au – Lam
ten – pe – den – to

____

____

[redacted]

10

Mitlaute

Sprichst du einen Selbstlaut kurz, so folgen auf ihn normalerweise mindestens zwei Mitlaute.

Hörst du nach einem kurzen Selbstlaut nur einen Mitlaut, musst du ihn doppelt schreiben.

Beispiel:
kommen
Karre
klettern
Kiste

Teste die Regel:

Sprich die Wörter laut. Markiere alle kurz gesprochenen Selbstlaute mit einem Punkt:

schwimmen essen rennen

Wanne Tatze kratzen

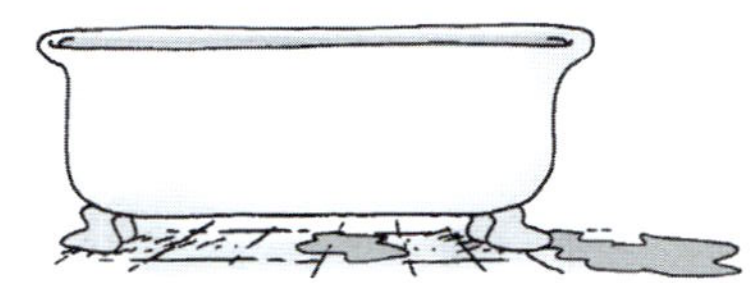

[redacted]

12

Sätze

Ein Satz endet mit einem Satzschlusszeichen.
Bei Aussagesätzen ist dies ein Punkt (.).
Bei Fragesätzen ist es ein Fragezeichen (?).
Bei Ausrufesätzen ist es ein Ausrufezeichen (!).

Satzanfänge schreibst du groß.

Teste die Regel:

Trenne diese Wörter und markiere die Selbstlaute. Stimmt es, dass in jeder Silbe mindestens ein Selbstlaut steckt?

Vogel Handtuch Erdbeerfeld

malen hören bauen

11

Silben

Silben sind Wortteile.
Du kannst mehrsilbige Wörter in Silben zerlegen.

Beispiel:
tanzen: tan-zen
Mütze: Müt-ze
rufen: ru-fen
teuer: teu-er

Teste die Regel:

Ordne die Wörter zu und schreibe sie auf die passende Linie:

toll Hose Huhn Wand Bett
Kiesel Schulter Rahmen Witz weben

a) langer Selbstlaut: ______________________

b) kurzer Selbstlaut: ______________________

Knobelspaß

1./2. Klasse

Im Wald

1 a) Kannst du die Rechenaufgaben lösen?
Tipp: Jedes Bild steht für eine Zahl. Merke sie dir gut.
Decke nun die Zahlen ab und rechne die Aufgaben.

b) Erfinde eigene Aufgaben mit den Bildern in Aufgabe a).

2 Welche Tiere und Dinge haben sich im Wald versteckt?
Finde die Namenwörter und ordne sie in die Tabelle ein.

T	B	L	A	T	T
S	F	K	B	E	E
A	U	M	A	C	U
K	C	P	U	B	L
M	H	A	M	M	E
N	S	R	E	H	U
E	I	C	H	E	L

der	die	das

3 Im Wald gibt es an mehreren Stellen leckeres Futter.
Schau genau und zähle die Spuren des Rotkehlchens.
Wo sind die meisten Spuren?

① ② ③

4 Im Wald hängt an einer Eiche eine Geheimbotschaft.
Kannst du die Nachricht entziffern? Schreibe sie auf.

81, 85, 83, 83, 95 / 94, 63, 73, 84, 65, 82, 82 /
105, 101, 83 / 73, 85, 63, 73, 94, 74, 95, 105!

	1	2	3	4	5
6	A	B	C	D	E
7	F	G	H	I	J
8	K	L	M	N	O
9	P	Q	R	S	T
10	U	V	W	X	Z

K ____ !

5 Hier stimmt etwas nicht! Schau genau und kreise ein.

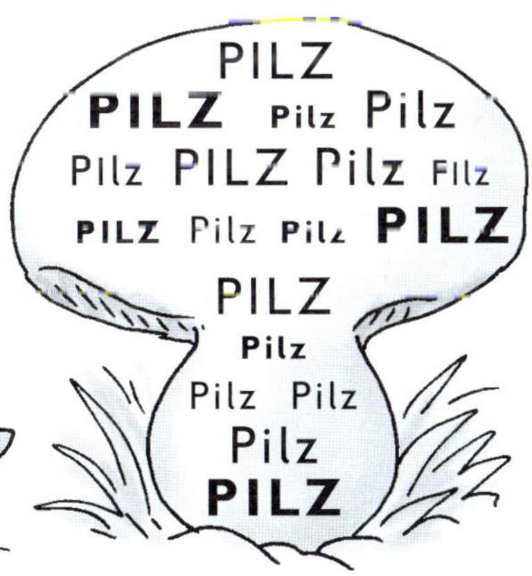

Wasser

1 Auf dem Meeresboden leben viele verschiedene Krebse.
Wer lebt wie lange in seiner Muschel: 5, 6, 7 oder 8 Jahre?

	5	6	7	8
Mona				
Thilo				
Tim				
Anna				

① Tim lebt am längsten in seiner Muschel.
② Thilo lebt nicht 7 Jahre in seiner Muschel.
③ Mona lebt am kürzesten in ihrer Muschel.

2 Was sieht die Wasserschlange auf dem Meeresboden?
Schreibe die Wörter der Reihe nach in die Kästchen.
Das Lösungswort sagt dir, was nicht ins Meer gehört.

1. A _ 3 _ _ _
2. _ 1 _ _ _ _ _
3. _ _ _ _ _
4. _ _ 2 _ _
5. _ _ _ _ _
6. _ _ 4 _ _ _ _

Lösung: _ 1 _ 2 _ 3 _ 4

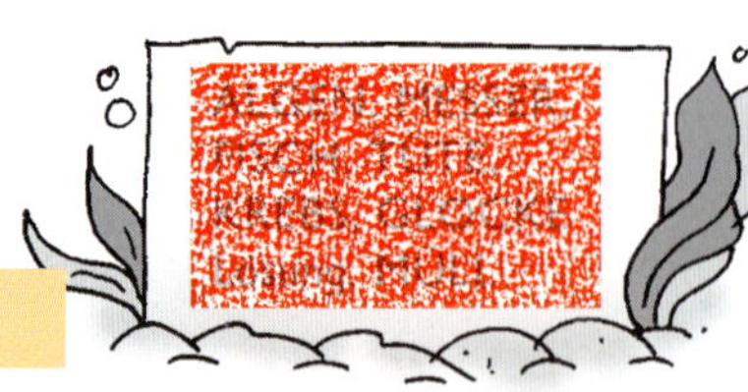

3 Eine Welle hat die Selbstlaute weggespült.
Hilfst du Karlo beim Lesen der Schatzkarte?

Schw___mm___ z___r M___sch___l.

B___g___ r___chts ___b.

Schw___mm___ n___n zw___sch___n

d___r D___s___ ___nd

d___m F___ls___n d___rch.

[redacted]

4 Karlo möchte wieder zurück an Land schwimmen.
Kannst du ihm helfen? Folge den Wörtern mit *d* oder *t* am Ende. Trage die passenden Buchstaben ein.

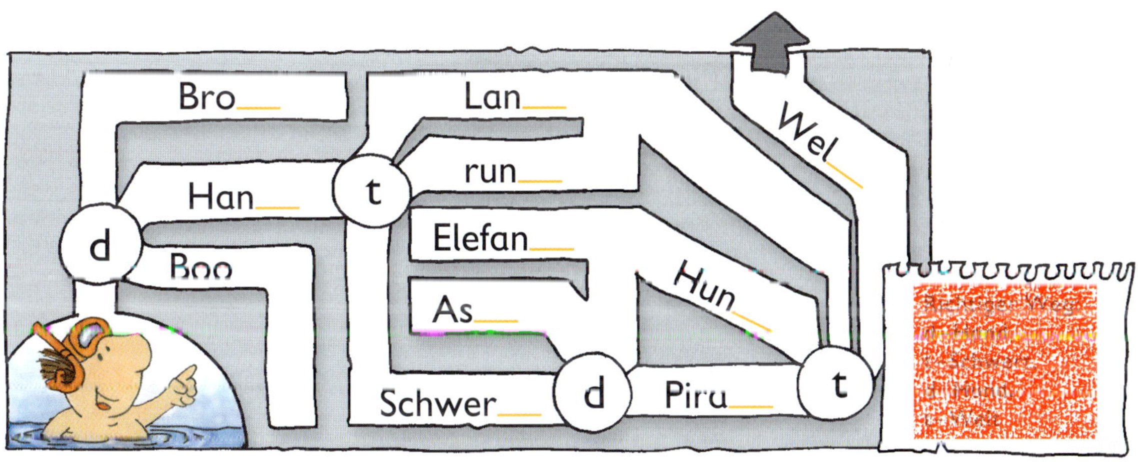

[redacted]

Wusstest du schon, dass ...

... Delfine zwar wie Fische im Meer leben, zum Atmen aber regelmäßig an die Wasseroberfläche schwimmen? Sie würden sonst ersticken.

Experiment: Wassermusik

Fülle fünf gleich große Gläser unterschiedlich hoch mit Wasser.

Überlege: Was passiert, wenn du mit deinen Fingern über den Rand der Gläser fährst? Schreibe auf.

Probiere es jetzt aus:
Befeuchte deine Finger und fahre über den Rand der Gläser.
Was kannst du feststellen?
War deine Vermutung richtig?

Für Profis: Schaffst du es, acht Gläser so mit Wasser zu füllen, dass eine Tonleiter entsteht und du ein Lied spielen kannst?

Unterwasser-Lupe

Unter Wasser sieht unser Auge unscharf.
Du kannst dir selber eine Lupe bauen,
mit der du unter Wasser gut sehen kannst.
Du brauchst ein hohes Marmeladenglas.
Tauche es zur Hälfte ins Wasser –
wenn du nun durchschaust, siehst du scharf.

Lernprofi Deutsch

3. Klasse

Wortarten erkennen

Richtig schreiben

S Namenwörter

1 Findest du alle Dinge in der Schatztruhe? Schreibe sie mit Begleiter auf. Ein Gegenstand fehlt. Welcher?

der Stein, ______________________________

____

____

____

____

____

Es fehlt ______________________________ .

die Feder, das Buch, das Bild, die Murmel, das Schneckenhaus, der Ball, das Messer, die Schraube, die Puppe, das Seil. Es fehlt die Goldkette.

▸ Regelbuch: 1

2 Schreibe die Namenwörter aus Karlos Lichtstrahl mit Begleiter in der Einzahl und in der Mehrzahl auf.

APFELGMPBIENEBFROSEEPZWIEBELKPLSTUHL
HOSEXTDRWPFERDYMHGLASKÖMJFISCHXCFLT

der Apfel – die Äpfel,

die Biene – die Bienen, die Rose – die Rosen, die Zwiebel – die Zwiebeln, der Stuhl – die Stühle, die Hose – die Hosen, das Pferd – die Pferde, das Glas – die Gläser, der Fisch – die Fische

3 Ordne die Namenwörter aus Aufgabe 2 richtig in die Tabelle ein.

Pflanzen	Tiere	Dinge
der Apfel		

Pflanzen: die Rose, die Zwiebel; Tiere: die Biene, das Pferd, der Fisch; Dinge: die Hose, der Stuhl, das Glas

? Wo willst du weiterüben? → Level 1 → Level 2

Namenwörter

1 Bilde mit den Wortteilen auf den Rädern Namenwörter.
Notiere sie mit Begleiter auf den Zeilen.

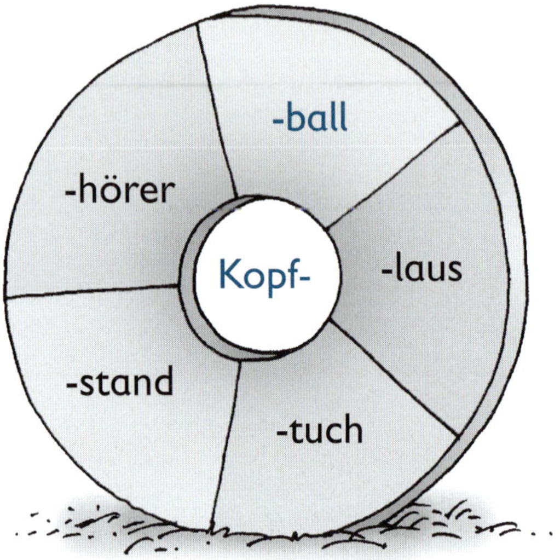

der Kopfball, ______________________

____

____

____

die Kopflaus, das Kopftuch, der Kopfstand, der Kopfhörer,
die Busfahrt, die Einfahrt, die Rückfahrt, die Zugfahrt, die Abfahrt.

2 Setze die Namenwörter zusammen.

der Tee, die Ernte: ______________________

das Schiff, die Fahrt: ______________________

die Haselnuss, der Strauch: ______________________

die Teeernte, die Schifffahrt, der Haselnussstrauch

3 Schicke die Wörter durch die Maschine. Welche Wörter sind Namenwörter? Schreibe sie mit bestimmtem Begleiter auf.

[redacted]

4 Notiere die Namenwörter aus Aufgabe 3 noch einmal mit dem unbestimmten Begleiter.

ein Vogel,

[redacted]

5 Bilde von diesen Wörtern die Mehrzahl.

[redacted]

? Traust du dich jetzt an Level 2?

2 Namenwörter

❶ Trage die Satzschlusszeichen ein.
Schreibe die Geschichte dann richtig ab.
Achte auf die Groß- und Kleinschreibung.

das traumschiff
ich fliege mit meinem traumschiff ins weltall dort sehe ich seltsame dinge ein fisch tanzt mit einer kaffeetasse ein krokodil spielt auf einer trompete da klingelt mein wecker und ich wache lachend auf

Ich fliege mit meinem Traumschiff ins Weltall. Dort sehe ich seltsame Dinge. Ein Fisch tanzt mit einer Kaffeetasse. Ein Krokodil spielt auf einer Trompete. Da klingelt mein Wecker und ich wache lachend auf.

☐ Nein, ich mache weiter.

☐ Ja, ich blättere noch einmal zu Level 1.

☐ Ja, ich versuche es später noch einmal.

❷ Schreibe die Mehrzahl zu den drei blauen Namenwörtern aus der Geschichte auf:

die Fische
die Krokodile
die Wecker

3 Bilde sinnvolle Verbindungen und zeige mit einem Pfeil, dass Begleiter und Namenwort zusammengehören.

der, die, das, ein, eine	schön, blau, klein, hell, dreckig	Hose, Himmel, Maus, Wetter, Sonne

die dreckige Hose,

z. B. das schöne Wetter, eine kleine Maus, der blaue Himmel, die helle Sonne ...

4 Verwandle diese Wörter in Namenwörter. Schreibe sie mit ihrem bestimmten Begleiter auf.

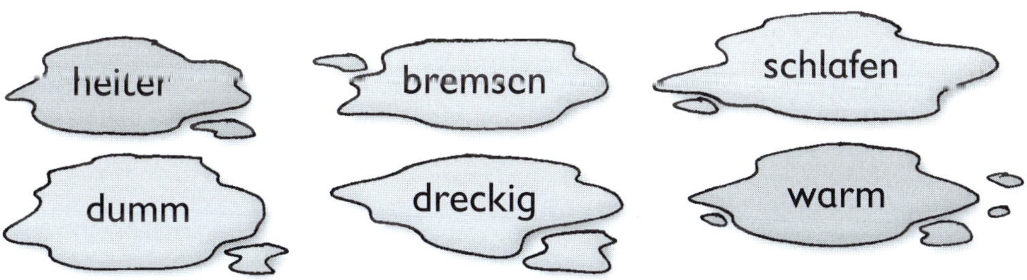

heiter – die Heiterkeit,

bremsen – die Bremse/die Bremsung, schlafen – der Schlaf,
dumm – die Dummheit, dreckig – der Dreck, warm – die Wärme

T

Test: Namenwörter

► Lösungen: Seite 240

1 Bilde aus der Mehrzahl die Einzahl.
Schreibe das Namenwort mit seinem Begleiter auf.

5

die Betten – ____________________

die Stifte – ____________________

die Häuser – ____________________

die Vögel – ____________________

die Blätter – ____________________

2 Zerlege die zusammengesetzten Namenwörter.
Schreibe die beiden neuen Wörter auf.

5

die Sauerstoffflasche = der ____________ + die ____________

der Computertisch = der ____________ + der ____________

das Zooorchester = der ____________ + das ____________

der Apfelbaum = der ____________ + der ____________

der Froschteich = der ____________ + der ____________

3 Unterstreiche alle Namenwörter in den Sätzen.

5

Meine blaue Hose ist in der Waschmaschine.
Der Regen prasselt auf die Dächer.
Kommt Tom morgen mit ins Schwimmbad?
Der Baum hat grüne und gelbe Blätter.
Im Museum ist das Fotografieren verboten.

Gesamtpunkte:

► Tabelle, Seite 244

Mach mit!

► Blättere auf Seite 168 zurück. Merke dir die Dinge in der Schatzkiste genau. Schreibe sie hier auf. Weißt du noch alles?

► Suche dir einen Partner. Sage das Abc leise auf, bis dein Partner „Stopp!“ sagt. Bei welchem Buchstaben bist du angelangt? Bilde mit diesem möglichst viele Namenwörter.

► Male alle Felder mit einem Namenwort rot an.
Was siehst du?

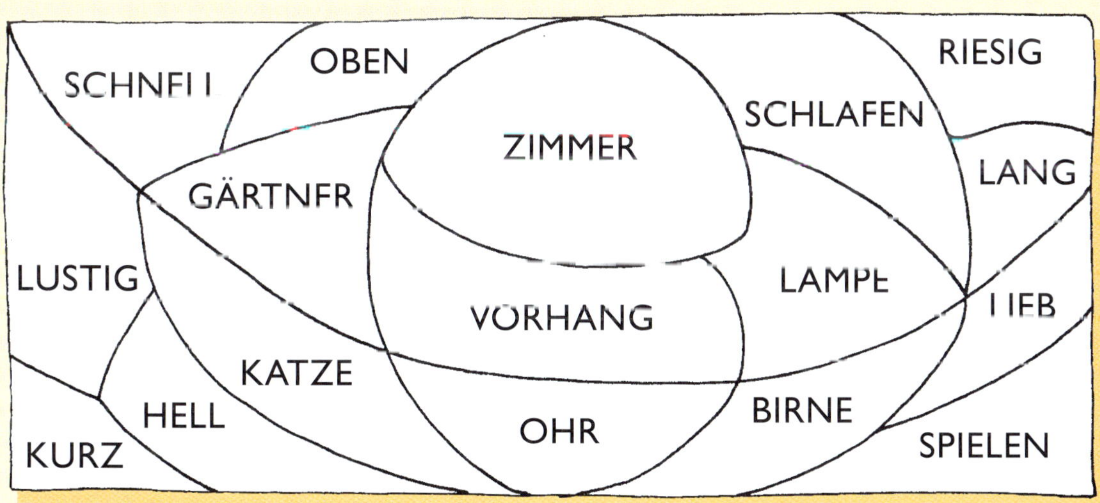

Lösung: Ufo

Tunwörter

1 Zu jedem Sinn gehört eines der Tunwörter. Kreise es ein.

2 Welche Wörter bleiben bei Aufgabe 1 übrig?
Schreibe sie auf und finde die passenden Namenwörter.

baden – das Bad, ________________________

____

____

____

[redacted]

3 Was tun diese Leute in ihrem Beruf?

der Bäcker: er backt | der Jäger: ____________

die Malerin: ____________ | die Geigerin: ____________

▸ Regelbuch: 2 3

4 Tunwörter haben eine Grundform und Personalformen.
Ergänze das Domino.

sie schreibt, bauen, wir schlafen, lesen

5 Welche Fürwörter gehören in die Dächer der Häuser?
Umkreise die Endungen in jedem Wort.

? Wo willst du weiterüben? → Level 1 → Level 2

Tunwörter

1 Vermeide das Wort *machen*: Bilde mit dem Wortbaustein ver- zu jedem Strahl ein Tunwort mit gleicher Bedeutung.

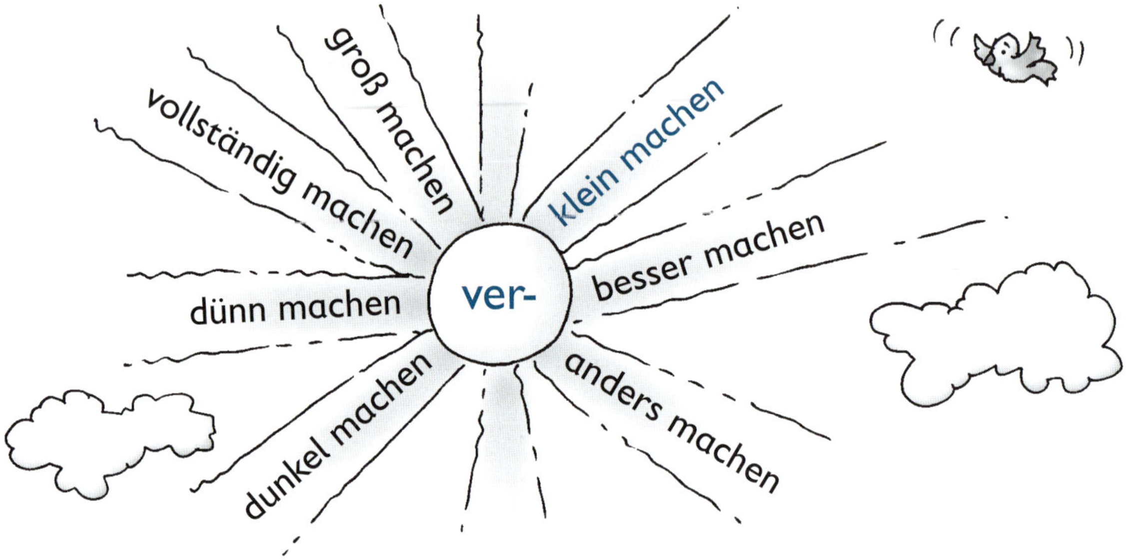

verkleinern, ______________________________

____

____

2 Setze die Tunwörter aus Aufgabe 1 passend ein.

Die Lupe ______________ die Ameise.

Ich ______________ das Diktat.

Der Rollladen ______________ das Zimmer.

Die Farbe wird mit Wasser ______________.

Nina ______________ das Puzzle.

3 Ergänze die Lücken im Text: Bilde die einfache Vergangenheit von den blauen Tunwörtern.

„Heute“ ist die Gegenwart. Was „früher“ war, ist Vergangenheit.

Heute wohnt Familie Till in einem großen Haus.

Früher ______________ sie in einer kleinen Wohnung.

Heute strickt Frau Till gerne Wollsocken.

Früher ______________ sie lieber Pullover.

Seit heute liebt Lisa Till vor allem Hunde.

Früher ______________ sie nur Katzen.

4 Erzähle noch einmal, wie es bei Tills früher war. Verwende alle Tunwörter in der zusammengesetzten Vergangenheit.

Die zusammengesetzte Vergangenheit bildest du so:
Ich habe … gewohnt
Ich bin … gelaufen

Früher ________ Familie Till

in einer kleinen Wohnung ______________________.

Früher ________ Frau Till

gerne Wollsocken ______________________.

Früher ____

____

? Traust du dich jetzt an Level 2?

2 Tunwörter

1 Bilde neue Tunwörter. Verwende die Wortbausteine auf dem Zettel.

fahren

abfahren, ______________________

____

laufen

____

____

2 Vervollständige die Tabelle.

Gegenwart	einfache Vergangenheit	zusammengesetzte Vergangenheit
ich ______	ich suchte	ich ______
er geht	er ______	er ______
du ______	du ______	du bist gerannt

- ☐ Nein, ich mache weiter.
- ☐ Ja, ich blättere zurück zu Level 1.
- ☐ Ja, ich versuche es später noch einmal.

3 In welcher Zeitform stehen diese Sätze? Beispiele findest du bei Aufgabe 2. Kreuze die Farbe der passenden Spalte an.

a) Gestern regnete es in Strömen.
b) Ich habe meine Regenkleidung angezogen.
c) Draußen suchte ich die besten Regenpfützen.
d) Heute scheint die Sonne wieder.

[redacted]

4 Lies den Text. Unterstreiche die Tunwörter.

Im Urlaub fährt Ulli mit dem Boot aufs Meer. Er sucht Delfine. Mit dem Fernrohr beobachtet er die Wellen. Plötzlich springt direkt vor ihm ein Delfin aus dem Wasser. Ulli erschrickt, aber er freut sich sehr.

5 Notiere den Text von Aufgabe 4 zweimal in dein Übungsheft. Beachte die Anweisung bei a) und b).

a) Ulli schreibt einen Aufsatz über seine Ferien. Setze die Tunwörter in die einfache Vergangenheit.

In den Ferien fuhr ich …

[redacted]

b) Was erzählt Ulli seinem Freund? Setze die Tunwörter in die zusammengesetzte Vergangenheit.

In den Ferien bin ich … gefahren …

[redacted]

Test: Tunwörter

▸ Lösungen: Seite 240

1 Notiere jeweils die passende Personalform vom Tunwort *malen* in der Gegenwart. **4**

ich ______________ du ______________

er/sie/es ______________ ihr ______________

2 Setze die Wortbausteine so um, dass sich vier sinnvolle Tunwörter ergeben. **4**

____

____

3 Trage die fehlenden Tunwörter in die Tabelle ein. Verwende die ich-Form. **6**

Grundform	Gegenwart	einfache Vergangenheit
lesen		
	ich tanze	
		ich schwamm

4 Schreibe die zusammengesetzte Vergangenheit von *schwimmen* auf: **1**

ich ______________________________

Gesamtpunkte:

▸ Tabelle, Seite 244

Mach mit!

- Suche dir einen Spielpartner. Denke dir ein Tunwort aus und spiele es ohne Worte vor. Wenn dein Spielpartner das Wort errät, ist er an der Reihe.

- Spielt zu zweit. Schreibe diese Wortbausteine auf kleine Zettel:

ab-	an-	auf-	aus-	ver-	vor-	weg-

Einer von euch zieht blind einen Zettel. Schreibt eine Minute lang Tunwörter zu dem gezogenen Wortbaustein auf. Gewinner ist, wer die meisten sinnvollen Tunwörter gefunden hat.

vorlesen
vormachen
vorsingen ...

- In den Namenwörtern sind Tunwörter versteckt. Findest du sie?

Autositz – Trinkbecher – Schlittenfahrt – Tanzschule – Kühlschrank – Radiowecker – Regenschirm – Gießkanne

sitzen, ______________________________

____

Lösung: trinken, fahren, tanzen/schulen, kühlen, wecken, regnen/schirmen, gießen

S

Wiewörter

1 Findest du alle Wiewörter in den Anzeigen?
Unterstreiche sie und schreibe sie auf.

[redacted]

klein,

2 Beschreibe das Mäppchen. Verwende möglichst viele treffende Wiewörter.

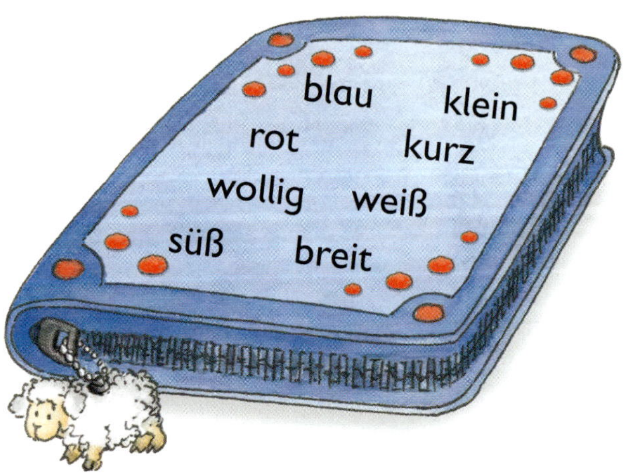

[redacted]

▸ Regelbuch: 8

3 Verwandle die Namenwörter mit -ig und -lich in Wiewörter.

-ig: windig, ______________________

____

-lich: freundlich, ______________________

____

____

[redacted]

4 Ergänze die fehlenden Wiewörter in der Tabelle.

Grundstufe	1. Vergleichsstufe	2. Vergleichsstufe
groß		
schnell		
	dünner	
		am weichsten
hoch		

[redacted]

? Wo willst du weiterüben? → Level 1 → Level 2

Wiewörter

1 Notiere zu jedem Bild zwei passende Wiewörter.

rund	frech
lang	stachelig
dünn	krumm
treu	lecker

der runde, stachelige Ball

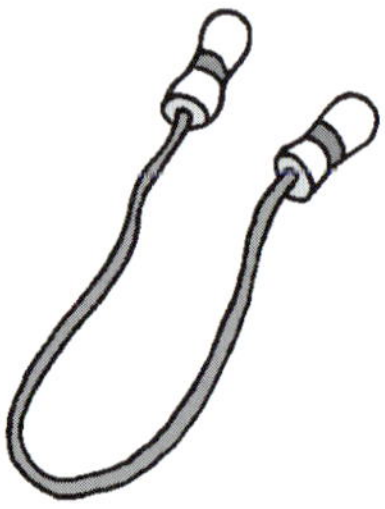

[redacted]

2 Wähle gegensätzliche Wiewörter aus und schreibe sie als Paar auf.

gesund spannend
alt leise mutig
rau schwach
witzig dumm laut
langweilig nass
stark ängstlich
neu krank ernst
klug glatt trocken

gesund – krank,

[redacted]

3 Ersetze die roten Ausdrücke durch Wiewörter.

Ich gehe jeden Tag in die Schule.

Ich gehe täglich in die Schule.

Emma hat Durst. [redacted]

Der Himmel ist voller Wolken. [redacted]

Ich vergesse immer alles. [redacted]

4 Bilde zusammengesetzte Wiewörter.

zitronengelb

? Traust du dich jetzt an Level 2 ?

2 Wiewörter

1 a) Setze nach jedem Wort einen Strich.
Sortiere die Wörter dann in die richtigen Kästen ein.

fröhlich|WahrheitriesigreisenKlugheitspielenrundgelbTanne
rennengeizigniedlichlesenKrankheitwichtigfliegenBabytanzenBär

Namenwörter	Wiewörter	Tunwörter
	fröhlich	

b) Welcher Kreis passt
zu welchem Kasten? Verbinde.

-heit -en -lich -ig

☐ Nein, ich mache weiter.

☐ Ja, ich lese Regel 1, 2 und 8
noch einmal genau.

☐ Ja, ich versuche es später nochmals.

2 Vergleiche die beiden Tiere miteinander. Schreibe so wie unten:

Der Elefant ist größer als das Nashorn.

Das Nashorn

[redacted]

3 Beschreibe dich selbst mit Tiervergleichen.
Verwende dazu das Vergleichswort *wie*.

Ich bin so stark wie ein Löwe.

Test: Wiewörter

► Lösungen: Seite 241

1 Unterstreiche die Wiewörter im Text. 6

Die Amsel hat ein schwarzes Gefieder. Mit ihrem gelben Schnabel pickt sie lange Regenwürmer aus der feuchten Erde. Damit füttert sie die hungrigen Vogeljungen. In jedes Schnäbelchen kommt ein leckerer Wurm.

2 Vervollständige die Tabelle. 4

Grundstufe	1. Vergleichsstufe	2. Vergleichsstufe
groß	größer	
weit	weiter	
steil		am steilsten
lieb	lieber	

3 Finde zu jedem Namenwort je ein Wiewort und ein Tunwort. 5

der Hunger — Wie bist du? ______ / hungern — Was tust du?

die Öffnung — ______ / ______

die Liebe — ______ / ______

Gesamtpunkte:

► Tabelle, Seite 244

Mach mit!

Elfchen

Ein Gedicht muss sich nicht reimen. Mit elf Wörtern kannst du ein Elfchen schreiben. Erfinde dein eigenes Elfchen.

1. Zeile: ein Wiewort	lustig
2. Zeile: ein Namenwort mit Begleiter	der Clown
3. Zeile: ein Wiewort und ein Wiewort	witzig und schnell
4. Zeile: ein kleiner Satz aus vier Wörtern	die Zuschauer lachen laut
5. Zeile: ein abschließendes Wiewort	wunderbar

Rätsel

Zwei Bauklötze liegen auf dem Boden.
Einer ist gelb, der andere ist rot. Einer ist aus Holz, der andere aus Plastik. Der rote Bauklotz ist nicht aus Plastik. Welche Farbe hat der hölzerne Bauklotz?

a) Gelb
b) vielleicht Grün
c) Rot
d) Hell

Lösung: Rot

Kurze/lange Selbstlaute

1 a) Fahre alle betonten Selbstlaute in den Wörtern rot nach.

Hüte – Hütte | Bett – Beet
Schall – Schal | Kamm – sie kam
Risse – Riese | fühlen – füllen

b) Sprich die Wortpaare laut. Entscheide:
Klingt der Selbstlaut im Wort lang oder kurz? Markiere lange Selbstlaute so: Lob, kurze Selbstlaute so: Sonne.

2 Sortiere die Wörter.

Hase | Liste | Luft | Blume
Vase | Kind | Hemd | Kran

langer Selbstlaut	kurzer Selbstlaut

► Regelbuch: 9

3 Finde Reime. Markiere dann die roten Laute, so wie bei Aufgabe 1b, mit Punkt oder Strich.

Gib acht,

denn in mancher ______________

fallen Schnuppen aus den Sternen.

Und wer eine sieht,

das ist keine neue Enthüllung,

dem geht ein Wunsch in ______________.

4 Setze Namenwörter zusammen.

•		—	
Himmel	Paddel	Tuch	Segel
Bett		Boot	
Futter	Korb	Hasen	Brot

• + • Himmelbett, ______________

— + • ______________

— + — ______________

• + — ______________

? Wo willst du weiterüben? → Level 1 / Level 2

1 Kurze/lange Selbstlaute

1 a) Schreibe alle Wörter mit kurzem Selbstlaut in dein Übungsheft.

AFFEBILDERFALLENKISTEHOSEOFFENPAPPE
WATTEKLASSEOHRTREPPESCHWIMMENMEHL
SCHNURRENSCHIFFBLATTKLETTERNLAMPE

b) Drei Wörter haben einen langen Selbstlaut:

_______________ _______________ _______________

(a) Affe, Bilder, fallen, Kiste, offen, Pappe, Watte, Klasse, Treppe, schwimmen, schnurren, Schiff, Blatt, klettern, Lampe; (b) Hose, Ohr, Mehl

2 a) Lies die Wörter auf der Wand neben Karlo. Setze unter lange Selbstlaute einen Strich, unter kurze einen Punkt.

b) Trage die Wörter nach Silben getrennt in die Tabelle ein.

Meter
sagen
Kappe
Laster
liegen
Stifte
Birne
Biene

langer Selbstlaut	kurzer Selbstlaut
Me-ter	Kap-pe

lang: sa-gen, lie-gen, Bie-ne; kurz: Las-ter, Stif-te, Bir-ne

3 Kannst du diese Flaschenpost lesen? Setze die passenden Buchstaben ein und schreibe die Wörter auf.

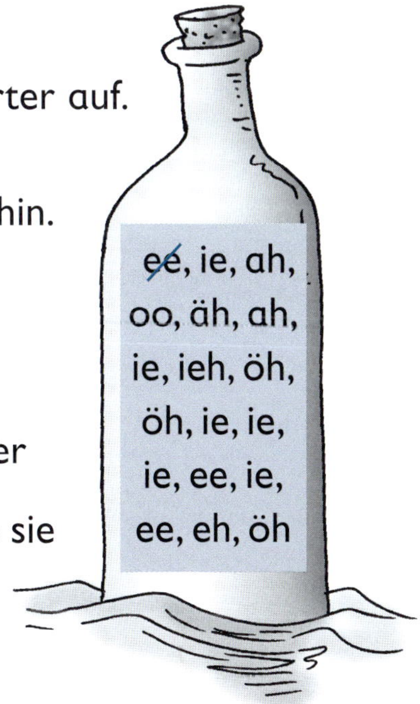

Im Sxx (ee) lxxgt eine Insel. Fxxre mit dem Bxxt dorthin.

Wxxle den rechten Weg bis zur kxxlen Eiche.

Sxxben Schritte weiter sxxxst du eine Hxxle.

Die Hxxle wird von einer Zxxge bewacht. Gib der

Zxxge vxxr Klxxblätter von der Wxxse. Solange sie

frisst, gxx in die Hxxle und hole dir den Schatz.

See, ______________________________

____

____

____

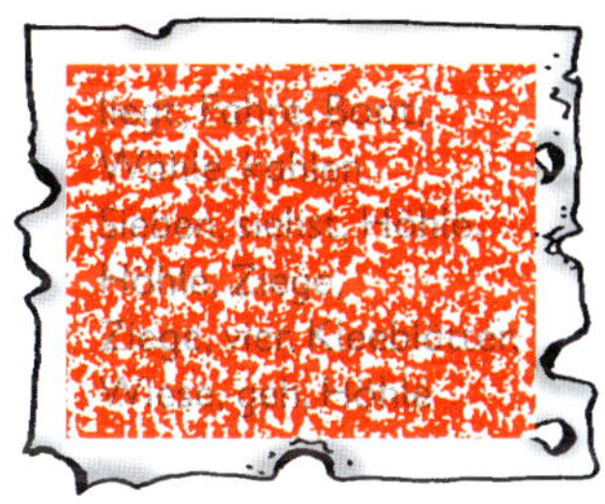
[redacted]

4 a) Lang oder kurz? Sprich die Wörter laut und fülle die Lücken.

ie	oder	i	:	Sp__nne	L__be
oo	oder	o	:	Z__	St__ff
ah	oder	a	:	S__ft	f__ren

[redacted]

b) Male die Pfoten mit langem Laut blau aus.
Wie viele Buchstaben sind in jeder Tatze?

[redacted]

? Traust du dich jetzt an Level 2 ?

2 Kurze/lange Selbstlaute

1 Bilde aus den Silben Wörter und sortiere diese richtig ein.

~~bit~~-	bie-
le-	sam-
wäh-	fah-
Kis-	wis-

-meln	-ren
-sen	-sen
-len	-~~ten~~
-sen	-gen

kurzer Selbstlaut	langer Selbstlaut
bitten	

2 Schreibe die Wörter getrennt in dein Übungsheft: bel-len

bellen, schlafen, lesen, schwimmen, Brille, Birne, tauchen, essen, müssen, Sonnenschirm, Laster,

[redacted]

- ☐ Nein, ich mache weiter.
- ☐ Ja, ich blättere zurück zu Level 1.
- ☐ Ja, ich versuche es später noch einmal.

3 Kurz oder lang? Kennzeichne die roten Selbstlaute durch Punkt oder Strich.

Wir fahren ans Meer. Die Sonne brennt auf das Autodach. Plötzlich beginnt das Auto zu rauchen und zu stinken. Schnell halten wir an. Mein Vater schimpft. Dicker Qualm kommt aus der Motorhaube. Ich glaube, das Auto hat einen Hitzschlag.

[illegible]

4 Überlege dir Wörter mit langem a und kurzem i. Schlage sie in deinem Wörterbuch nach und sammle sie hier.

a	i
fahren	bitten
______	______
______	______

Oft haben lange Laute zwei Buchstaben. Wie ist das bei deiner Sammlung?

5 Trage ein: *ein Paar*  *ein paar* .

a) ______ Handschuhe b) ______ Pflaumen

c) ______ Stiefel d) ______ Stunden

e) ______ Kleinigkeiten f) ein verheiratetes ______

T

Test: Kurze/lange Selbstlaute

► Lösungen: Seite 241

1 Verbinde jedes Wort mit dem richtigen Zeichen. 4

fühlen beten malen

Ball • – füllen

Schal Bett Schall

2 Ordne die Wörter in die Tabelle ein. 6

Himmel Lösung Knall
Riese Butter Bohrer

langer Selbstlaut	kurzer Selbstlaut

3 Schreibe diese Wörter getrennt auf. 4

Waage schütteln müde Teppich

______________ ______________

______________ ______________

4 Setze richtig ein: *ein Paar* oder *ein paar*. 1

In ______________ Stunden wird es dunkel.

Gesamtpunkte:

► *Tabelle, Seite 244*

Mach mit!

► Bekommt Konfetti die Wurst oder die Hundekekse?
Entscheide, ob der rote Selbstlaut jeweils lang oder kurz ist,
und folge dem richtigen Zeichen.

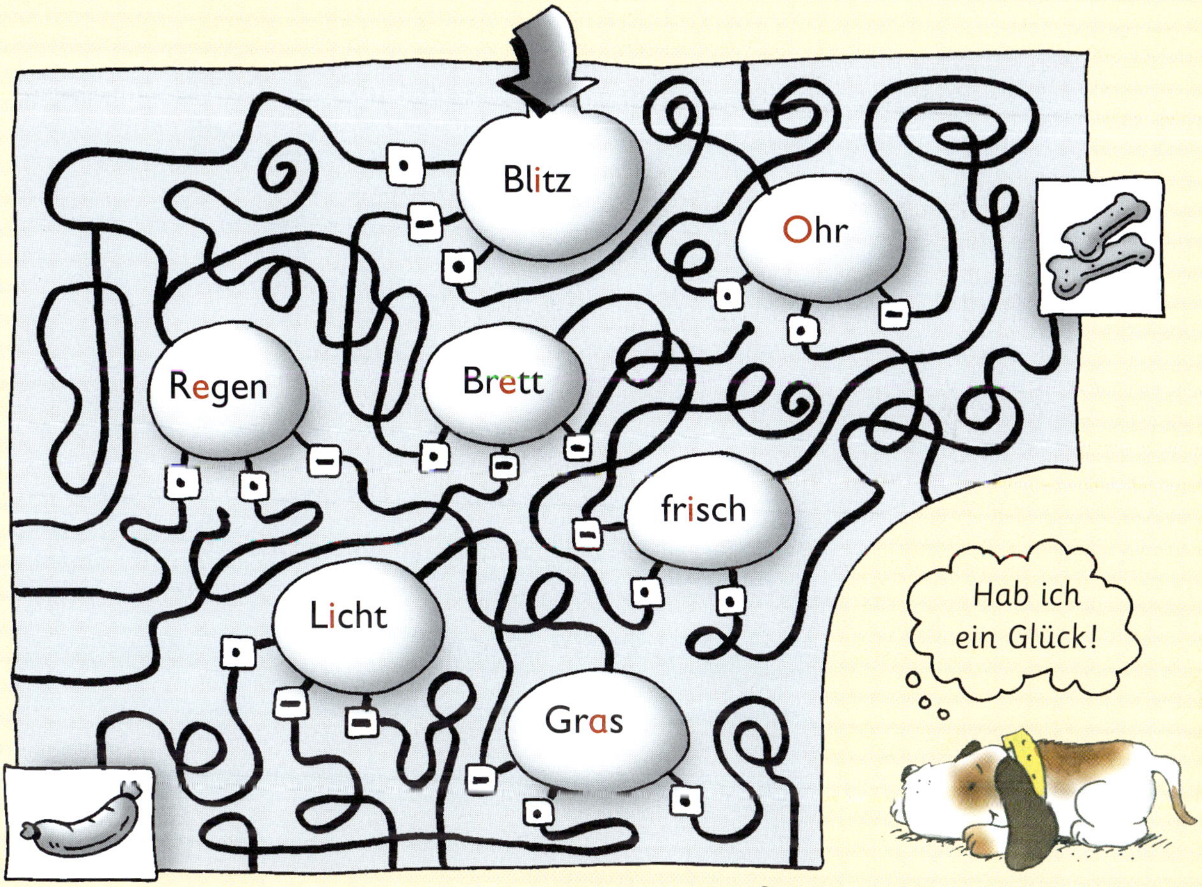

Lösung: Er bekommt beides.

► Fülle die Reimkreuze richtig aus.

r

qu | a | ss | e | l | n

b

G | e | w | i | tt | e | r

P | aa | r

F

W | ie | g | e

Lange Selbstlaute

1 a) Umkreise alle ie im Brief farbig.

Lieber Riese,
gestern spazierte ich über eine Wiese. Siebzig Ziegen liefen über diese Wiese! Ich rieb mir die Augen. Doch dann fotografierte ich die vielen niedlichen Tiere. Ich blieb bis um sieben: Ich spielte mit den Ziegen und trällerte ein paar Liedchen für sie. Das gefiel ihnen. Nach diesem Erlebnis schlief ich heute Nacht tief und zufrieden.
Dein Zwerg

b) Suche oben nur die Tunwörter mit ie.
Übertrage sie in die Kästchen:

spazierte			

spazieren laufen reiben bleiben
fotografieren spielen gefallen schlafen

c) Verbinde jedes Tunwort mit seiner Grundform in der Wiese.

[redacted]

2 a) Das h verlängert die Selbstlaute. Welche Wörter sind in den Blumen versteckt? Sprich die Wörter laut beim Schreiben.

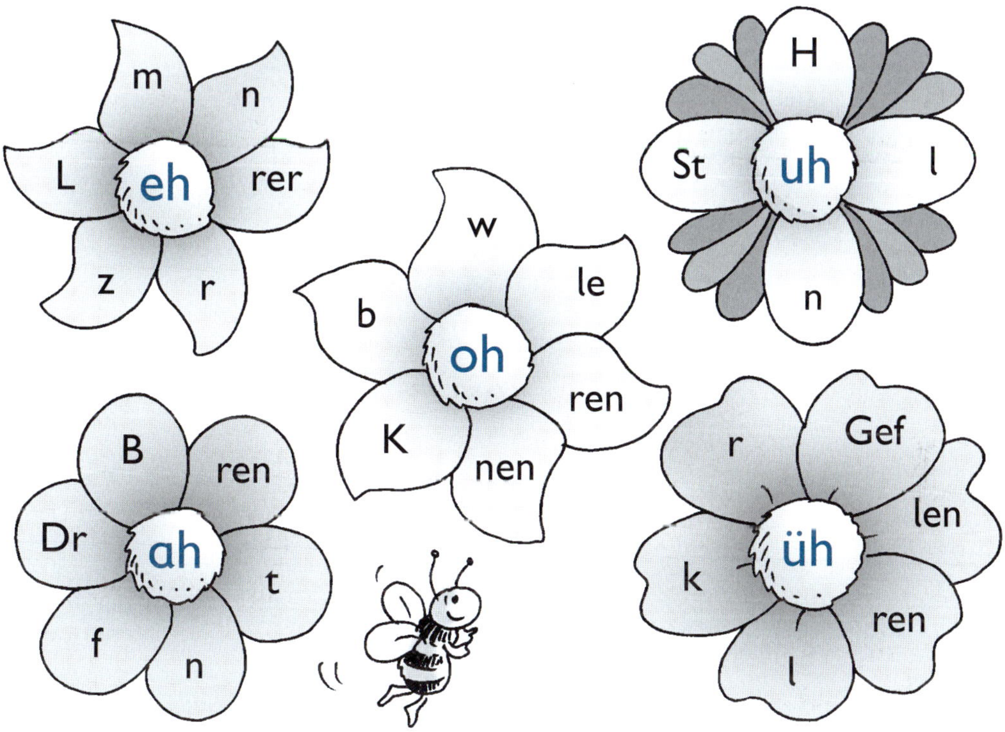

mehr,

b) Wörter mit Dehnungs-h musst du dir gut merken. Nimm dein Lieblingsbuch und suche weitere Wörter für jede Blume. Notiere sie in deinem Übungsheft. Übe die Liste regelmäßig.

? Wo willst du weiterüben? → Level 1 → Level 2

1 Lange Selbstlaute

1 Hier sind zwei Wortfamilien vermischt. Sortiere sie.

die Liebe	das Ziel

[redacted]

2 Verbinde das Wort *viel* mit den passenden Bildern. Schreibe Sätze in dein Übungsheft, in denen das Wort *viel* vorkommt.

3 Setze die Silben im Übungsheft passend zusammen.

Schie- | Flie- | -gel | -ne | Spie- | -be | Die- | Spie- | -ge | -le

[redacted]

4 Sprich die Wörter auf der Skipiste deutlich. Kreise alle langen Selbstlaute in den Wörtern ein. Folgt ein h, umkreise es mit.

Höhlenbewohner Skifahrer

Rasenmäher Autofahrer

Witzeerzähler Sprachlehrer

Steinbohrer

5 Zerlege die zusammengesetzten Namenwörter und bilde solche Sätze:

Der Höhlenbewohner bewohnt Höhlen.

? Traust du dich jetzt an Level 2 ?

Lange Selbstlaute

1 Unterstreiche alle ie rot. Trage dann die Wortart in die Kreise ein: N für Namenwort, T für Tunwort, W für Wiewort.

N	Biene		niedlich		Friede
	Spiel		fliegen		verlieren
	wiegen		Liebe		riesig
	frieren		schwierig		tief

[redacted]

2 Schreibe mindestens vier Sätze auf.
Verwende dabei möglichst viele Wörter aus Aufgabe 1.

[redacted]

- ☐ Nein, ich mache weiter.
- ☐ Ja, ich lese bei den Regeln 11 und 12 nach
- ☐ Ja, ich versuche es später noch einmal.

3 Ergänze die Tunwörter. Die Bilder helfen dir dabei.

telefon ieren

_______ ieren

_______ ieren

_______ ieren

4 Sieh dir die Endungen auf der Scheibe an. Bilde von jedem Tunwort alle Personalformen.

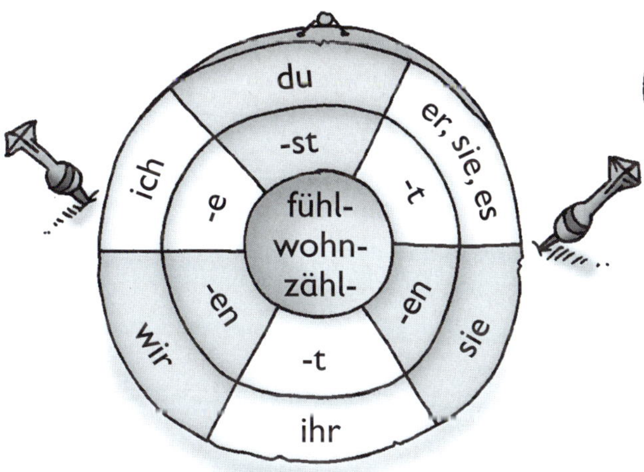

fühlen: ich fühle, du ________________________________

____

wohnen: ____

____

zählen: ____

____

[redacted]

Test: Lange Selbstlaute

► Lösungen: Seite 241

1 Schreibe das Wort zu jedem Bild auf. | 4

 ____________  ____________

 ____________  ____________

2 Ergänze das lange ie. Ein Wort hat ein kurzes i. Welches? | 4

verl____ren   Sp____l

Pf____ff   fotograf____ren

____________ hat ein kurzes i.

3 Schreibe das Wort zu jedem Bild auf. | 4

 ____________  ____________

 ____________  ____________

4 Immer ein Wort gehört nicht zur Wortfamilie.
Streiche es durch. | 3

a) fahren, Fahrzeug, Abfahrt, verfahren, Unfall

b) tief, Tiefgarage, vertiefen, hoch, Tieflader

c) Boot, Rennboot, Verbot, Ruderboot, Bootsfahrt

Gesamtpunkte:
► Tabelle, Seite 244

Mach mit!

► Finde die passenden Reimwörter.

Z	A	H	N
B			
K			
H			

k	e	h	r	e	n
l					
w					

► Finde die sieben Unterschiede.

► Ein Dehnungs-h steht dort, wo der Selbstlaut vorher lang klingt.
In welchem dieser Wörter ist das h kein Dehnungs-h:

zählen ohne wohnen Floh Berghütte fahren

Lösung: Berghütte

S Kurze Selbstlaute

Zur Unterscheidung von ⊡ oder ⊟ lies auf S. 192 nach.

1 Ergänze den richtigen doppelten Mitlaut. Lies laut.
Markiere rote Selbstlaute mit ⊡ oder ⊟.

kle____ern   spi____en   bru____en

kra____eln   ho____eln   fla____ern

mm, bb, nn, ll, tt, pp

[redacted]

2 Bilde Sätze zu den Tieren.
Verwende dazu die Tunwörter aus Aufgabe 1.

Der Affe klettert. ______________________

____

____

____

[redacted]

3 a) Nimm dein Wörterbuch. Schreibe Wörter heraus, die diese doppelten Mitlaute haben:

tt   mm   ll   ff   tt

Der Selbstlaut vor dem doppelten Mitlaut ist immer kurz.

b) Stimmt das, was Konfetti sich denkt? ja ☐ nein ☐

[redacted]

4 Setze die Silben richtig zusammen.

ck: lecker,

tz:

[redacted]

5 Sprich die Wörter aus Aufgabe 4 deutlich. Wie klingt der Selbstlaut vor ck/tz? Markiere ihn mit ⊡ oder ⊟. [redacted]

6 Schreibe zu allen Namenwörtern aus Aufgabe 4 die Mehrzahl mit Begleiter auf.

die Pfützen,

? Wo willst du weiterüben? → Level 1 / Level 2

1 Kurze Selbstlaute

1 a) Welche Wörter gehören zu diesen Wortstämmen? Sortiere richtig.

schwimmen
wecken
der Weckruf
der Kratzer
das Schwimmbad
kratzen verkratzt
der Schwimmer
der Wecker

schwimm-: ______________________

____

kratz-: ______________________

____

weck-: ______________________

____

[redacted]

b) Markiere den Wortstamm in jedem Wort farbig.

Wenn man einen aus der Familie kennt, kann man auch viele Geschwister richtig schreiben.

2 Ergänze die Tabelle.

Grundform	Personalform	Personalform
passen	es	sie
	wir	ich treffe
sammeln	du	ihr
	wir klettern	du
wollen	ihr	ich

[redacted]

3 Welche Wörter wohnen in den Häusern? Schreibe sie auf.

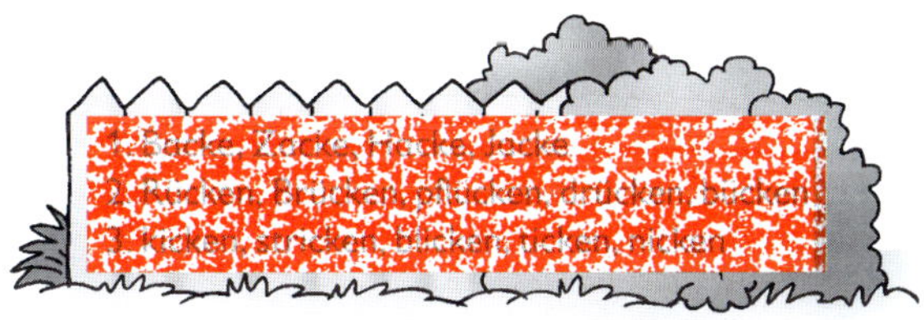
[redacted]

4 Lies Karlos Tipp und schreibe die Wörter aus Aufgabe 3 getrennt auf.

Ba-cke,

[redacted]

? Traust du dich jetzt an Level 2 ?

2 Kurze Selbstlaute

1 Finde zu jedem Wort zwei verwandte Wörter.
Denk daran, dass der Wortstamm dabei gleich bleibt.

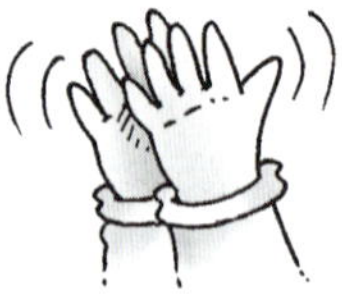

der Knall: ____________ ____________

rollen: ____________ ____________

treffen: ____________ ____________

Glück: ____________ ____________

[illegible]

- ☐ Nein, ich mache weiter.
- ☐ Ja, ich blättere noch einmal zu Level 1.
- ☐ Ja, ich versuche es später noch einmal.

2 Schreibe Reimwörter auf.

-itz	S________	Bl________	W________
-atze	K________	T________	Gl________
-atz	Sch________	Pl________	S________

[illegible]

3 Bilde von den Wörtern aus Aufgabe 2 die Mehrzahl und schreibe sie getrennt in dein Übungsheft: die Sit-ze …

[illegible]

4 Schreibe auch diese Wörter getrennt auf.
Ordne sie nach ihrer Silbenanzahl.

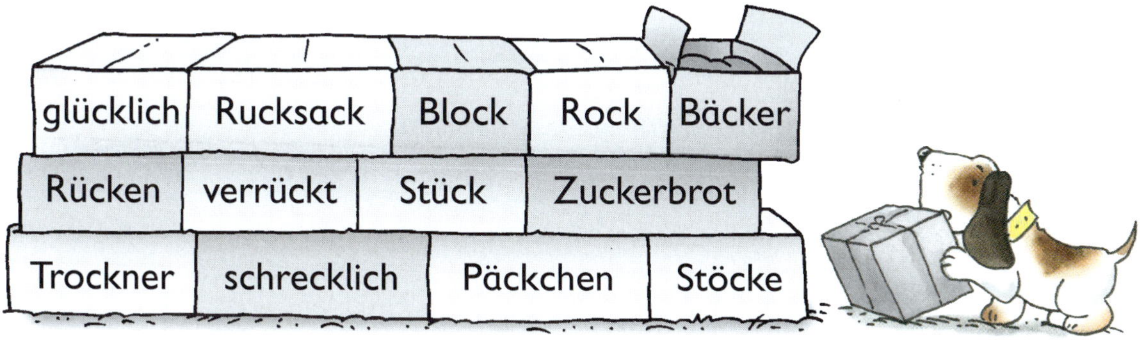

eine Silbe: Block, ______

zwei Silben: glück-lich, ______

______

______

drei Silben: ______

[illegible]

5 Ergänze die Sätze mit Wörtern aus Aufgabe 4.

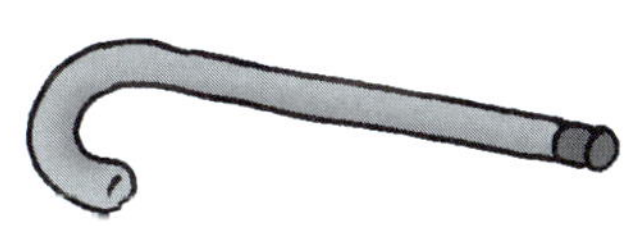

a) Ich packe meinen ______ für die Wanderung.

b) Sie holte beim ______ ein ______ Kuchen.

c) Der Briefträger bringt mir ein ______.

d) Wir trocknen die Wäsche im ______.

e) Ich reiße ein Blatt aus meinem ______.

[illegible]

T

Test: Kurze Selbstlaute

► Lösungen: Seite 242

1 Was stimmt? Notiere f für falsch und r für richtig. [ ] 3

- [ ] Der Selbstlaut vor dem doppelten Mitlaut ist kurz.
- [ ] Das Wort backen hat drei Silben.
- [ ] Das ck bleibt beim Trennen zusammen.

2 Setze die Silben zu sinnvollen Wörtern zusammen. [ ] 6

But- | -cker | Glat-

-lich | nütz- | -ser | Was- | -ze

-lich | Zu- | -ter | glück-

____

____

3 Trenne die Wörter richtig. [ ] 4

die Pfütze | die Locken | lecker | flitzen

____

____

4 Finde zwei verwandte Wörter zu diesem Wortstamm. [ ] 2

-SPITZ- ____________________ ____________________

Gesamtpunkte: [ ]

► Tabelle, Seite 244

Mach mit!

► Lerne den Zungenbrecher von Konfetti auswendig.
Kannst du ihn fehlerfrei aufsagen?

► Hier siehst du zwei Wortbilder. Kannst du weitere Wortbilder malen? Versuche es doch mal mit den Wörtern Jacke oder Socke.

Brücke
Brücke Brücke
Brücke Brücke
Brücke Brücke
Brücke Brücke

Stock
Stock Stock
Stock Stock
Stock
Stock
Stock
Stock
Stock
Stock
Stock

► Findest du den versteckten Satz? Übermale jeden 3. Buchstaben schwarz, dann kannst du ihn lesen.

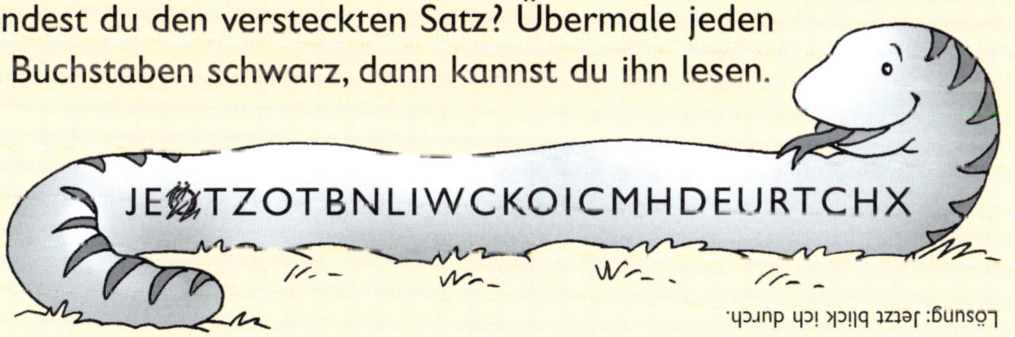

Lösung: Jetzt blick ich durch.

► Verstecke selbst einen Satz in einer Buchstabenschlange.
Wer in deiner Familie kann ihn lesen?

S Wörter mit s/ss/ß

1 Lies die Wörter laut. Kennzeichne die kurzen Selbstlaute mit ⊡ und die langen Selbstlaute mit ⊟.

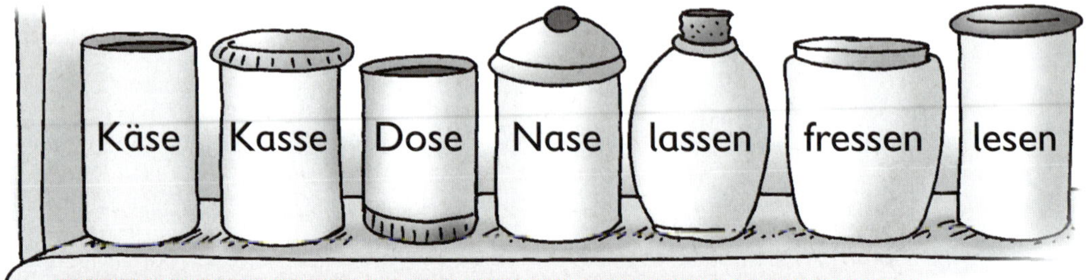

[redacted]

Nach lang gesprochenem Selbstlaut schreibt man s (Nase).
Nach kurz gesprochenem Selbstlaut schreibt man ss (Kasse).

2 a) Kannst du richtig einsetzen: s oder ss?
Denk an Karlos Tipp: Sprich jedes Wort laut.

Be___en Me___er mü___en Ho___e Va___e

Ta___e Glä___er fe___eln be___er Kä___e

b) Ordne die Wörter anschließend in die Tabelle ein.

langer Selbstlaut → s	kurzer Selbstlaut → ss

[redacted]

3 a) Setze die Buchstaben zu Wörtern zusammen.

[redacted]

b) Umkreise den Doppellaut oder den Selbstlaut vor ß.
Ist er lang oder kurz? [redacted]

c) Sammle weitere Wörter mit ß und übe sie immer wieder.
So kannst du sie dir merken.

4 Das s klingt weich, das ß klingt scharf. Manchmal ist der Unterschied schwer zu hören. Hier helfen Tricks. Probiere es aus.

1. Ich spreche langsam und deutlich: gie-ßen, Ha-se

So ___ e: So-ße

Be ___ en: ____________

sto ___ en: ____________

[redacted]

2. Wenn das Wort nur eine Silbe hat, verlängere ich und spreche dann deutlich: Gruß – Grüße – Grü-ße

Spa ___ – Spä ___ e: ____________

Mau ___ – Mäu ___ e: ____________

Gla ___ – Glä ___ ser: ____________

[redacted]

? Wo willst du weiterüben? → Level 1 / → Level 2

Wörter mit s/ss/ß

1 Finde verwandte Wörter zu *Wasser*. Schreibe sie in die Wolken.

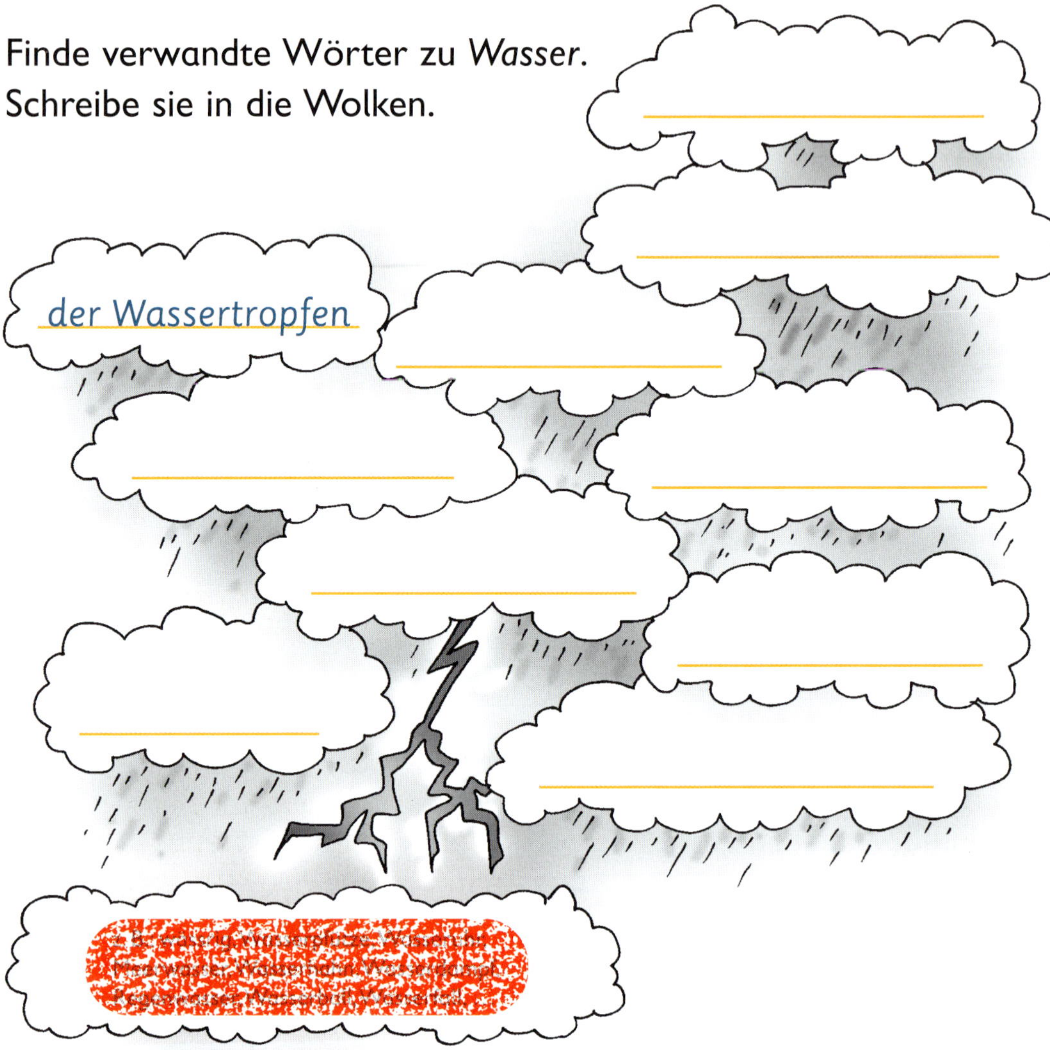

2 Bilde alle Personalformen zu *müssen*. Das Rad hilft dir.

ich muss, du

[redacted]

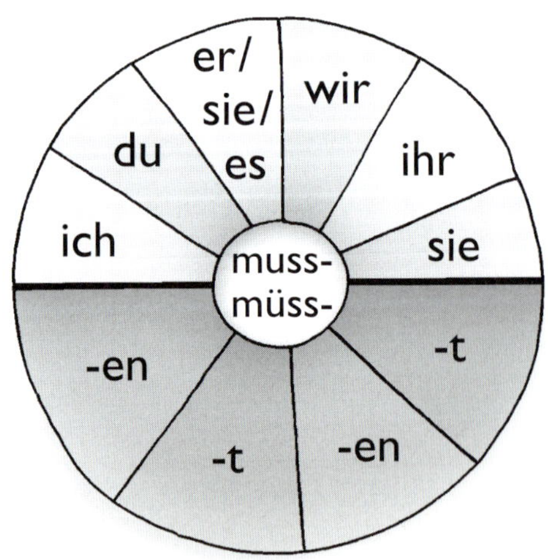

3 Schreibe die Wörter zu den Bildern in der Einzahl und in der Mehrzahl auf.

das Fass – die

[illegible]

4 Es gibt Wörter mit s, die du dir merken musst, weil man sie nicht ableiten kann. Schreibe sie auf und präge sie dir gut ein.

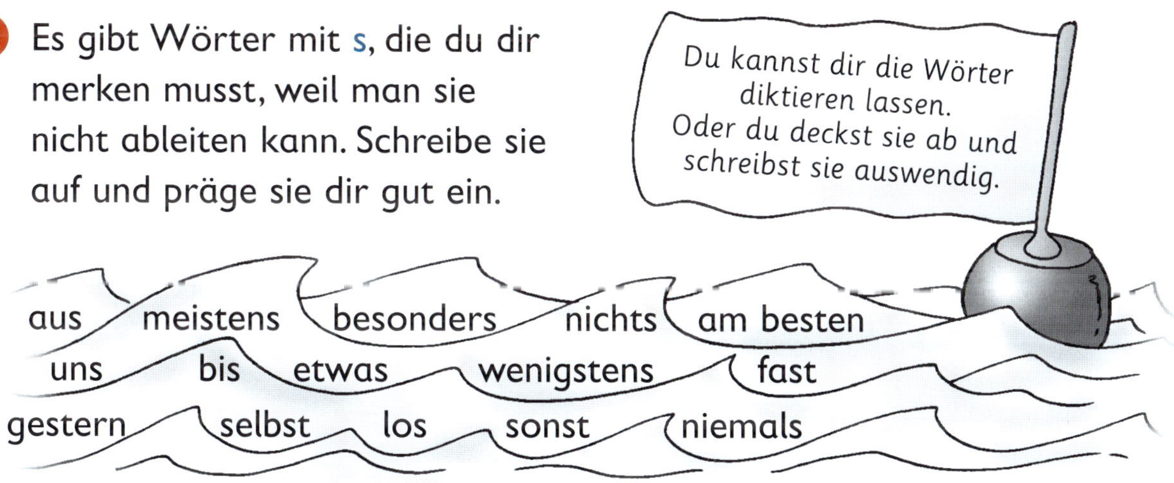

? Traust du dich jetzt an Level 2?

2 Wörter mit s/ss/ß

1 Ergänze die Lücken mit ss oder mit ß.
Denke an die Tipps auf der Startseite.

Der Klassenausflug

Wir wandern zu Fu___ am Flu___ entlang. Leider habe ich meinen Fotoapparat zu Hause verge___en. Plötzlich gibt mir Leon aus Spa___ einen Sto___ und ich stolpere in das kalte Wa___er. Meine Fü___e sind na___. Unsere Lehrerin leiht mir viel zu gro___e Socken aus. Dann gie___e ich mir eine Ta___e hei___en Tee ein und genie___e einen Apfel und mein leckeres Brot. Jetzt geht es mir be___er.

2 Schreibe alle Namenwörter mit ss oder ß aus Aufgabe 1 heraus und bilde die Mehrzahl oder Einzahl.

der Fuß – die Füße, ______________________

____

____

- ☐ Nein, ich mache weiter.
- ☐ Ja, ich blättere zurück zu Level 1.
- ☐ Ja, ich versuche es später noch einmal.

3 Schreibe neben jedes Tunwort das passende Namenwort.
Achte auf Karlos Tipp.

schießen: der ____________ schließen: das ____________

fließen: der ____________ genießen: der ____________

grüßen: der ____________ gießen: der ____________

[redacted]

4 Achtung: knifflig! Schreibe die einfache Vergangenheitsform der Tunwörter aus Aufgabe 3 auf.
Wähle unterschiedliche Fürwörter: ich, sie, er, wir.

ich schoss, sie ____________________________

____

____

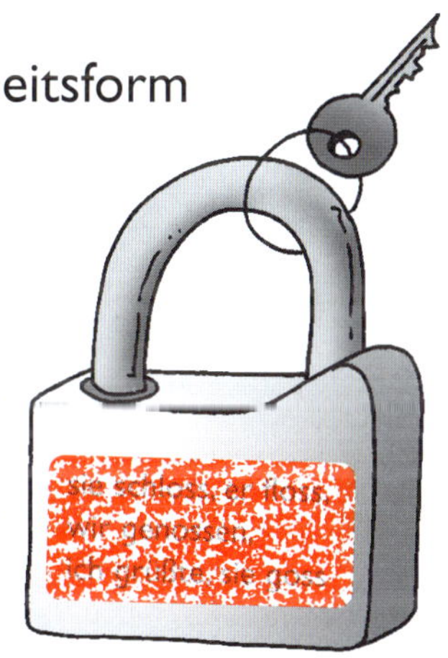

[redacted]

5 Finde je zwei verwandte Wörter.

a) besser: ____________ ____________

b) groß: ____________ ____________

c) nass: ____________ ____________

[redacted]

T

Test: Wörter mit s/ss/ß

► Lösungen: Seite 242

1 Ergänze ß oder ss: 6

Se___el Spa___ Schü___el

pa___en Sto___ Wa___er

2 Vervollständige die Sätze, indem du eine Form von *müssen* einträgst: 3

Morgen ______________ wir früh aufstehen. Ihr habt morgen euren Klassenausflug. Du ______________ pünktlich am Bahnhof sein. Der Zug wartet nicht und wer zu spät kommt, ______________ zu Hause bleiben.

3 Fülle die Lücke in jeder Reihe sinnvoll. 2

gut – besser – am ______________________

g______________________ – heute – morgen

4 Ergänze die Tabelle. 4

Grundform vom Tunwort	einfache Vergangenheit vom Tunwort	Namenwort zum Tunwort
fließen	es	der
grüßen	er	der

Gesamtpunkte:

► Tabelle, Seite 244

Mach mit!

► Trage ß und ss ein und verbinde die Fische mit der richtigen Angel. Welcher Angler hat die meisten Fische?

Lösung: Der Angler mit ß hat die meisten Fische.

► Welche Wörter verstecken sich hinter den Spiegelwörtern? Lies mit einem Spiegel und schreibe sie auf.

Pass ____________	Nuss ____________
essen ____________	Fuß ____________
Messer ____________	Tasse ____________
Füße ____________	vermissen ____________

► Stelle die Namenwörter im Wort mehrfach um. Welche neuen Wörter kannst du bilden?

SCHLOSSGESPENSTERSCHLÜSSEL

____

Lösung z. B.: Schlüsselgespensterschloss, Gespensterschlossschlüssel …

S

Wörter mit b/p, d/t, g/k

1 Lies den ganzen Text. Lies dann die blauen Wörter laut. Kreise bei diesen immer den letzten Buchstaben ein.

Mein Fahrrad ist rot. Es hat ein helles Licht. Der Korb vorne ist gelb. Ich fahre durch den Wald. Der Weg ist sehr sandig und steinig. Ich biege so schnell rechts ab, dass es staubt. Bald fahre ich am Getreidefeld entlang. Dann geht es einen steilen Berg hinauf und ich schiebe mein Rad. Neugierig blickt mir ein Hund nach. Ich bekomme ein wenig Angst und sage laut: „Buh!“

Das b, d oder g hört sich manchmal an wie p, t oder k.
Da können leicht Fehler passieren. Gut wenn man die Tricks kennt.
Teste Regel 19 im Regelbuch, bevor du hier arbeitest.

2 Suche unter den blauen Wörtern alle Namenwörter heraus. Verlängere sie, indem du die Mehrzahl bildest.

das Fahrrad – die Fahrräder,

das Licht – die Lichter, der Korb – die Körbe, der Wald – die Wälder, der Weg – die Wege, das Getreidefeld – die Getreidefelder, der Berg – die Berge, das Rad – die Räder, der Hund – die Hunde, die Angst – die Ängste

3 Suche unter den blauen Wörtern alle Wiewörter heraus.
Verlängere sie, indem du sie vor ein Namenwort setzt.

rot – ein rotes Fahrrad, ______________________

____

____

____

[redacted]

4 Schreibe hier immer die Grundform auf und ergänze richtig.

sie trägt: __________ du liebst: [redacted]

er liegt: __________ ihr bie__t: __________ [redacted]

sie blei__t: __________ ich ma__: __________ [redacted]

5 Verwende die Tunwörter aus Aufgabe 4 für die Lücken.
Achtung, du musst dabei die Personalform verändern!

Du __________ dein Rad in den Keller. [redacted]

__________ du gern Kirschen? [redacted]

Lucie __________ Himbeereis. [redacted]

Heute __________ ihr mal zu Hause. [redacted]

Meine Mutter __________ gerne in der Sonne. [redacted]

Thomas __________ mit dem Roller um die Kurve. [redacted]

> b oder p?
> g oder k?
> Schau auf die Grundformen, wenn du unsicher bist.

? Wo willst du weiterüben? → Level 1 / Level 2

1 Wörter mit b/p, d/t, g/k

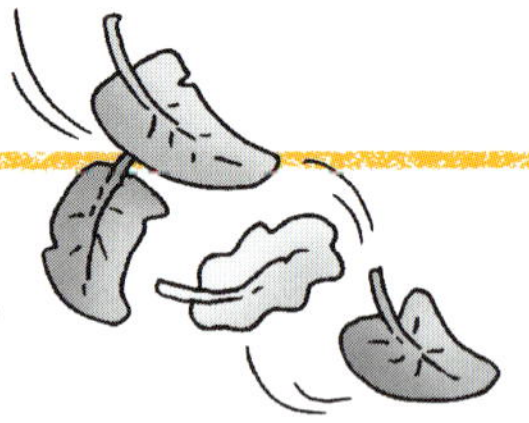

1 Verlängere die Wörter. Ergänze dann d, t, g oder k.

wichti g : eine wichtige Prüfung

der Aben ___ : die

die Ban ___ :

das Bro ___ :

gesun ___ :

der Ta ___ :

das Fahrra ___ :

kal ___ :

der Zwer ___ :

der Schran ___ :

der Abend – die Abende, die Bank – die Bänke, das Brot – die Brote, gesund – gesunder, der Tag – die Tage, das Fahrrad – die Fahrräder, kalt – kälter, der Zwerg – die Zwerge, der Schrank – die Schränke

2 Bilde Sätze, in denen die Wörter aus Aufgabe 1 vorkommen.

Ich habe heute eine wichtige Prüfung.

3 Bilde zu jedem Namenwort ein Wiewort.

Riese – riesig, ______________________________

____

____

[redacted]

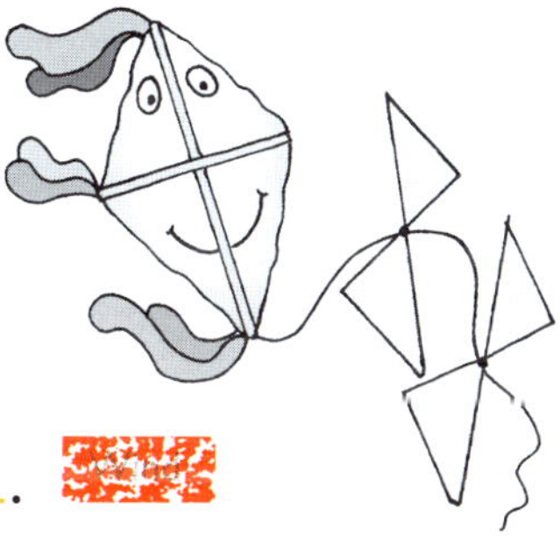

4 Was ist hier gemeint? Löse die Rätsel.

Wer schnell segeln will, der braucht W__________. [redacted]

Die Ritter wohnten früher auf einer B__________. [redacted]

Um über den See zu fahren, nehmen wir das B__________. [redacted]

Heute Nacht schlafen wir draußen im Z__________. [redacted]

Ich reite so gern. Ich wünsche mir ein Pf__________. [redacted]

Wenn ich fröhlich bin, trällere ich ein L__________. [redacted]

Ein Bauer arbeitet viel auf dem F__________. [redacted]

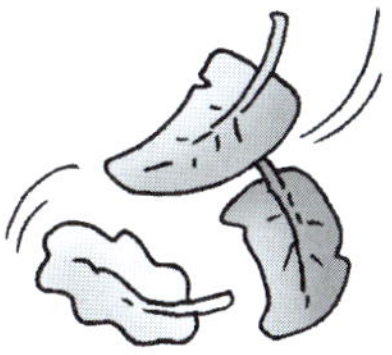

? Traust du dich jetzt an Level 2 ?

2 Wörter mit b/p, d/t, g/k

1 Setze die Buchstaben b p d t g k richtig ein.

kal t klu _ Zel _ safti _ Klei _

Lum _ Pfer _ tau _ Fahrra _ Zwer _

[redacted]

2 Die Wiewörter stehen in der verlängerten Form.
Unterstreiche nur die Grundform und schreibe so um:

ein riesiges Haus – Das Haus ist riesig.

ein starker Mann –

ein lauter Traktor –

ein lustiger Clown –

eine gelbe Wand –

eine kluge Oma –

ein sonniger Tag –

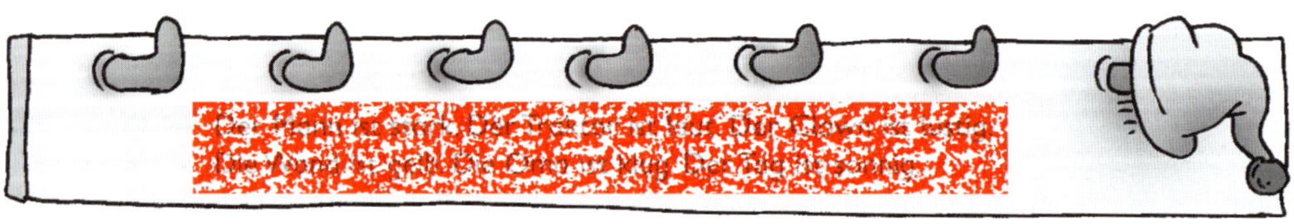

[redacted]

☐ Nein, ich mache weiter.

☐ Ja, ich kontrolliere, was ich dazu in der Schule gelernt habe.

3 Bilde aus den Buchstaben Wörter. Schreibe zu jedem Wort eine Verlängerung auf.

der Dieb – die Diebe

laut – die laute Sirene

[redacted]

[redacted]

4 Bei sechs Wörtern klappen die Verlängerungsregeln nicht so einfach. Schreibe diese Wörter auf.

Spezialtrick bei Namenwörtern ohne Mehrzahl. Probiere es mit einem anderen verwandten Wort: Lob – lo-ben

[redacted]

T

Test: Wörter mit b/p, d/t, g/k

► Lösungen: Seite 243

1 Bilde die Einzahl von den Namenwörtern. | 4

die Wälder – ______ die Stäbe – ______

die Tage – ______ die Bänke – ______

2 Setze die Endungen b, d, g, p, t, k richtig ein. Schreibe vorher – wenn nötig – die Verlängerung auf die Zeile. | 7

Ich ma☐ kein Himbeereis. ______

Er ga☐ ihm das Buch zurück. ______

Die Kinder bauen eine Sandbur☐. ______

Wir liegen kran☐ im Bett. ______

Ach, ich ha☐ dich lie☐! ______

Die Gruppe wandert den Ber☐ hinauf. ______

3 Finde die Grundform und ergänze dann die Lücke. | 2

sie lü☐t: ______ er flie☐t: ______

4 Die Namenwörter *Dank* und *Sand* haben keine Mehrzahl. Wie kannst du sie trotzdem verlängern? | 2

______

______

Gesamtpunkte:

► Tabelle, Seite 244

Mach mit!

► Kannst du die Bilderrätsel lösen?

~~B~~ D ______________________

~~S~~ l, D ______________________

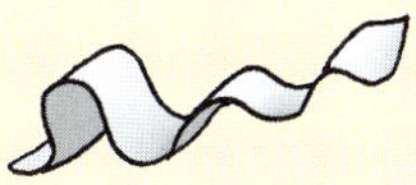

~~B~~ L, S, W ______________________

Z~~w~~ B ______________________

► Trage die passenden Wörter ins Gitterrätsel ein.
Du darfst immer nur einen Buchstaben pro Zeile verändern.

M	U	N	D
H	*U*	*N*	*D*
	A		
L			

N	E	S	T
R			
	O		
P			

W	O	R	T
	E		
		I	
S			

K	A	L	B
H			
			T
K			

S Satzglieder

Lies dir vorher Regel 21 durch.

1 Baue aus den Wörtern drei verschiedene Sätze. Kreise die Wörter ein, die in jedem Satz zusammenbleiben.

2 a) Verbinde die Satzteile zu sinnvollen Sätzen.

Julian •	• schauen den Affen zu.
Der Panther •	• prustet mit seinem Rüssel.
Die Kinder •	• schleicht durch das Gehege.
Der Elefant •	• füttert die Ziegenkinder.

b) Schreibe die Sätze auf.
Unterstreiche den Satzgegenstand (das Subjekt) blau.

Julian füttert die Ziegenkinder. Der Panther

▸ Regelbuch: 21 22 23

3 Was tut Julian? Schreibe drei Sätze auf. Unterstreiche in deinen Sätzen die Satzaussage (den Satzkern) rot.

lachen

malen

Was tut Julian?

füttern

essen

schreiben

Julian füttert die Ziegenkinder. ____________________

____

____

____

4 Setze hier die Satzaussage (den Satzkern) richtig ein.

Konfetti ________ das Löwenbaby durch die Stäbe ____.

Der Affe ________ von der Banane ____.

Dem Seelöwen ________ der Ball ____________.

? Wo willst du weiterüben? → Level 1 → Level 2

Satzglieder

1 a) Bilde fünf sinnvolle Sätze.
Du musst nicht immer alle Satzglieder verwenden.

Lea

[illegible]

b) Unterstreiche in allen Sätzen den Satzgegenstand (das Subjekt) blau und die Satzaussage (den Satzkern) rot.

[illegible]

2 Was kannst du im Schwimmbad noch tun?
Erfinde einen Satz. Unterstreiche auch darin Satzgegenstand (Subjekt) und Satzaussage (Satzkern).

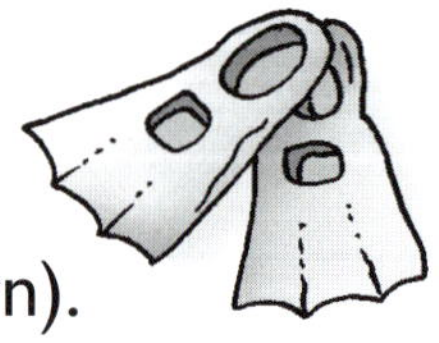

3 Konfetti ist getaucht. Jetzt hat er Wasser in den Ohren und hört schlecht.
Welche Satzgegenstände (Subjekte) sind richtig?

Familie Locher kommt im Schwimmbad an.

Wer? Familie Locher

packen ihre Badesachen aus.

Wer? ______________ [redacted]

Mit einem lauten Platsch landet L im Wasser.

Wer? ______________ [redacted]

zieht seine Schwimmflügel an.

Wer? ______________ [redacted]

P prüft mit dem großen Zeh die Wassertemperatur.

Wer? ______________ [redacted]

4 Schreibe den Text noch einmal vollständig in dein Übungsheft. Unterstreiche in jedem Satz die Satzaussage (den Satzkern).

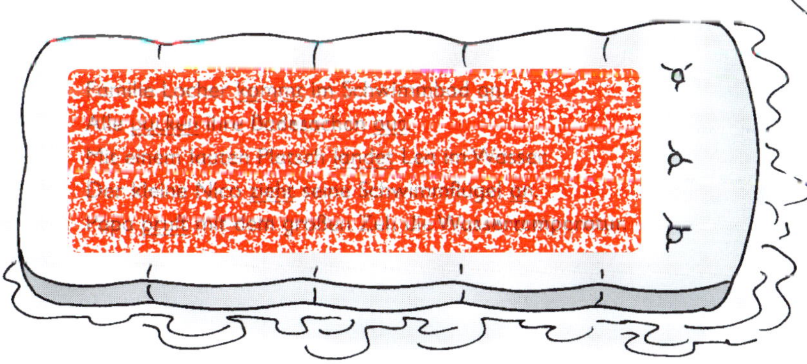

[redacted]

? Traust du dich jetzt an Level 2 ?

2 Satzglieder

1 a) Was macht Tom? Stelle die Satzglieder sinnvoll um.

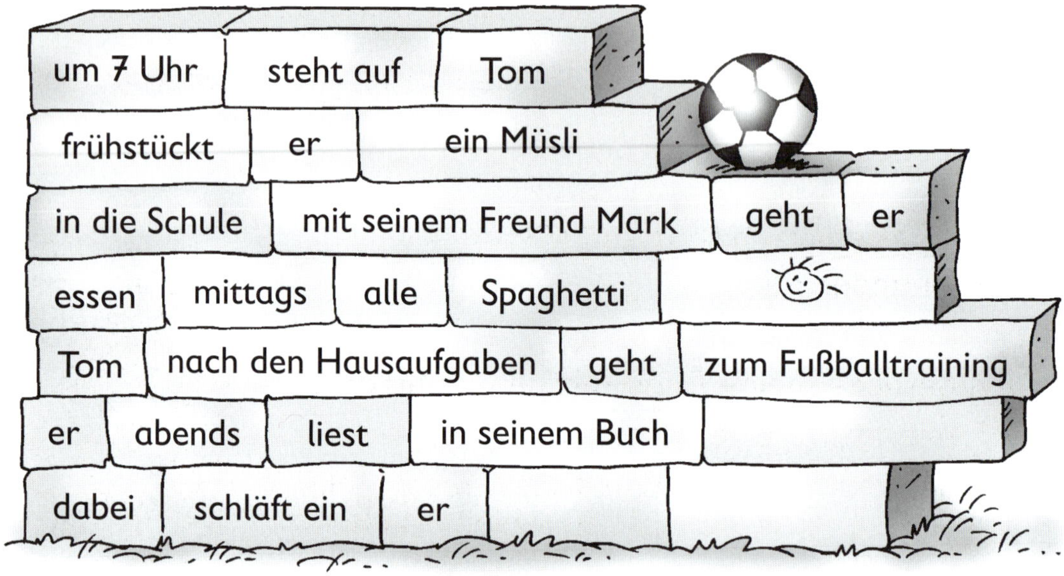

[redacted]

b) Unterstreiche in allen Sätzen den Satzgegenstand (das Subjekt) blau und die Satzaussage (den Satzkern) rot.

[redacted]

☐ Nein, ich mache weiter.

☐ Ja, ich blättere zurück zu Level 1.

☐ Ja, ich versuche es später noch einmal.

2 a) Grenze die Satzglieder mit einem Strich voneinander ab.

Ich | besuche meine Oma mit dem Fahrrad.
Ich beobachte eine Amsel im Garten.
Ich gehe mit meinem Vater zum Autorennen.

b) Schreibe die Sätze so in dein Übungsheft, dass sie nicht mit *ich* beginnen.

[illegible]

3 Unterstreiche hier die Satzaussage (den Satzkern):

Unsere Mannschaft hat gestern gewonnen. [illegible]
Wir haben einen großen Pokal bekommen. [illegible]
Den stellen wir jetzt an einem Ehrenplatz auf. [illegible]

4 Streiche bei diesem Satz von hinten nach und nach ein Satzglied weg. Der Satz soll dabei sinnvoll bleiben.

Tina liest auf dem Sofa in einem Buch über Gespenster viele gruselige Geschichten.

Was bleibt am Ende stehen? ______________________ [illegible]

T

Test: Satzglieder

► Lösungen: Seite 243

1 Bestimme die Anzahl der Satzglieder.
Stelle die Sätze dazu einmal um.

6

Die Frauen holen das Wasser am Brunnen. ___ Satzglieder

____

Leo und Karla räumen im Spielzimmer auf. ___ Satzglieder

____

Er angelt. ___ Satzglieder

____

2 Unterstreiche den Satzgegenstand (das Subjekt) blau und die Satzaussage (den Satzkern) rot.

6

a) Gestern ist das Pferd über den Zaun gesprungen.

b) Plötzlich flog der Ball in die Fensterscheibe.

c) Ab morgen findet der Weihnachtsmarkt statt.

3 In diesem Satz sind drei Satzaussagen (Satzkerne) versteckt. Unterstreiche sie.

3

Abends vor dem Schlafengehen wasche ich mein Gesicht, putze meine Zähne und schlüpfe zum Schluss in meinen Schlafanzug.

__________ __________ __________

Gesamtpunkte:
► Tabelle, Seite 244

Mach mit!

► Hier kannst du einen Satzfächer bauen.
Erfinde einen Satz. Je länger er ist, desto besser.

Du brauchst:
Papierstreifen, eine Musterbeutelklammer

Das musst du tun:
1. *Bestimme die Anzahl der Satzglieder in deinem Satz: So viele gleich lange Papierstreifen musst du dir zuschneiden.*
2. *Schreibe auf jeden Streifen ein Satzglied deines Satzes.*
3. *Loche die Streifen und verbinde sie mit der Musterbeutelklammer.*
4. *Stelle verschiedene Sätze ein und schreibe sie auf.*

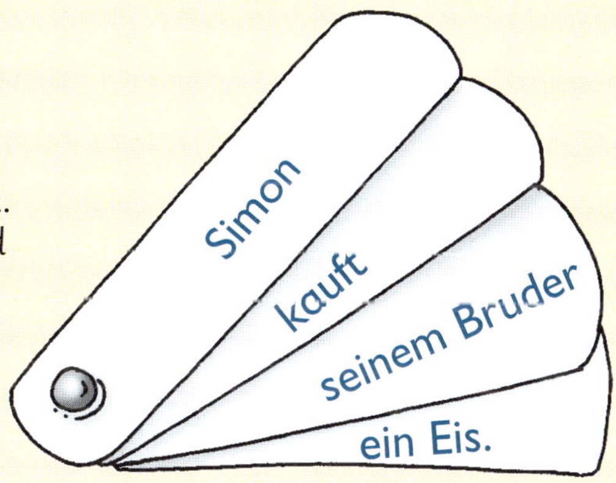

► Würfle immer so lange, bis ein Satz entsteht.
Schreibe die lustigsten Sätze auf.

⚀: Tina/die Wäsche/mein Hund

⚁: bellt/leckt/trocknet

⚂: leckeres Eis/ein Lied/Blätter

⚃: ständig/jetzt/plötzlich

⚄: im Keller/an der Leine/in der Schule

⚅: laut/schnell/umsonst

A Lösungen zu den Tests

Seite 174: Namenwörter

1. das Bett, der Stift, das Haus, der Vogel, das Blatt
2. Für jedes Wort erhältst du einen halben Punkt:
   der Sauerstoff + die Flasche
   der Computer + der Tisch
   der Zoo + das Orchester
   der Apfel + der Baum
   der Frosch + der Teich

3. die Hose, die Waschmaschine, der Regen, die Dächer, der Tom, das Schwimmbad, der Baum, die Blätter, das Museum, das Fotografieren

Seite 182: Tunwörter

1. ich male, du malst, er/sie/es malt, ihr malt
2. zer-beißen, ein-schlafen, er-raten, vor-schreiben
3.

lesen	ich lese	ich las
tanzen	ich tanze	ich tanzte
schwimmen	ich schwimme	ich schwamm

4. ich bin geschwommen

Seite 190: Wiewörter

1. ein schwarzes Gefieder, mit ihrem gelben Schnabel, lange Regenwürmer, aus der feuchten Erde, die hungrigen Vogeljungen, ein leckerer Wurm

2.

groß	größer	am größten
weit	weiter	am weitesten
steil	steiler	am steilsten
lieb	lieber	am liebsten

3. Namenwort: der Hunger — Wiewort: hungrig — Tunwort: hungern
   Namenwort: die Öffnung — Wiewort: offen — Tunwort: öffnen
   Namenwort: die Liebe — Wiewort: lieb/liebevoll — Tunwort: lieben

Seite 198: Kurze/lange Selbstlaute

1. Für jedes Wort erhältst du einen halben Punkt:
   lang, Strich: fühlen, beten, malen, Schal
   kurz, Punkt: füllen, Bett, Ball, Schall

2.

Langer Selbstlaut	Kurzer Selbstlaut
Lösung	Himmel
Bohrer	Knall
Riese	Butter

3. Waa-ge, schüt-teln, mü-de, Tep-pich

4. In ein paar Stunden wird es dunkel.

Seite 206: Lange Selbstlaute

1. Fliege, Ziege, Brief, Riese

2. verlieren, Pfiff, Spiel, fotografieren
   Pfiff hat ein kurzes i.

3. Stuhl, (Fahr)rad, Ohr, Bohrmaschine

4. a) Unfall
   b) hoch
   c) Verbot

A Lösungen zu den Tests

Seite 214: Kurze Selbstlaute

1. r Der Selbstlaut vor dem doppelten Mitlaut ist kurz.
   f Das Wort backen hat drei Silben.
   r Das ck bleibt beim Trennen zusammen.

2. nützlich, glücklich, Zucker, Wasser, Glatze, Butter

3. die Pfüt-ze, die Lo-cken, le-cker, flit-zen

4. z. B.: der Spitzer, der Anspitzer, spitzen, die Spitze, spitzig, spitz, gespitzt, anspitzen …

Seite 222: Wörter mit s/ss/ß

1. Sessel, Spaß, Schüssel, passen, Stoß, Wasser

2. Morgen müssen wir früh aufstehen.
   Ihr habt morgen euren Klassenausflug.
   Du musst pünktlich am Bahnhof sein.
   Der Zug wartet nicht und wer zu spät kommt, muss zu Hause bleiben.

3. gut – besser – am besten
   gestern – heute – morgen

4.

Grundform vom Tunwort	einfache Vergangenheit vom Tunwort	Namenwort zum Tunwort
fließen	es floss	der Fluss
grüßen	es grüßte	der Gruß

Seite 230: Wörter mit b/p, d/t, g/k

1. die Wälder – der Wald, die Stäbe – der Stab, die Tage – der Tag, die Bänke – die Bank
2. mag – mögen, gab – geben, Sandburg – Sandburgen, krank – kranke Kinder, hab – haben, lieb – die liebe Oma, Berg – Berge
3. sie lügt – lügen, er fliegt – fliegen
4. Ich suche ein verwandtes Wort zu *Dank* oder *Sand* mit zwei Silben, zum Beispiel: dan-ken, san-dig.

Seite 238: Satzglieder

1. Am Brunnen | holen | die Frauen | das Wasser.
   Oder Das Wasser | holen | die Frauen | am Brunnen.
   Oder Holen | die Frauen | das Wasser | am Brunnen? 4 Satzglieder

   Im Spielzimmer | räumen | Leo und Karla | auf.
   Oder Räumen | Leo und Karla | im Spielzimmer | auf? – 3 Satzglieder (zweiteilige Satzaussage)

   Angelt | er? – 2 Satzglieder

2. a) Satzgegenstand (Subjekt): das Pferd
   Satzaussage (Satzkern): ist gesprungen
   b) Satzgegenstand (Subjekt): der Ball
   Satzaussage (Satzkern): flog
   c) Satzgegenstand (Subjekt): der Weihnachtsmarkt
   Satzaussage (Satzkern): findet statt
3. wasche – putze – schlüpfe

Beobachte deine Lernfortschritte

Hier kannst du deine Testergebnisse eintragen.
Ziehe nach jedem Test einen Querstrich bei deiner Punktzahl.
Male dann den Balken nach unten farbig aus.

15									
14									
13									
12									
11									
10									
9									
8									
7									
6									
5									
4									
3									
2									
1									
	Namen-wörter	Tun-wörter	Wie-wörter	Langer/ kurzer Selbstlaut	Langer Selbstlaut	Kurzer Selbstlaut	Wörter mit s/ss/ß	Wörter mit b/p, d/t, g/k	Satz-glieder

0–5 Punkte:
Du solltest das Thema noch mehr üben.
Die Lern-Detektive® bieten noch viele weitere Hefte an.
Informiere dich z. B. unter www.ravensburger.de.

6–11 Punkte:
Du hast gut geübt.
Die nächste Klassenarbeit kann kommen.

12–15 Punkte:
Das Üben hat sich richtig gelohnt.
Du hast auch knifflige Aufgaben geschafft. Sehr gut!

Wichtige Begriffe

Begriff	So kannst du auch sagen	Beispiel
Selbstlaut	Vokal	a, e, i, o, u
Mitlaut	Konsonant	b, c, d, f, …
Namenwort	Hauptwort, Nomen, Substantiv	Ball, Kind, Hund, Baum
Bestimmter Begleiter	Bestimmter Artikel	der, die, das
Unbestimmter Begleiter	Unbestimmter Artikel	ein, eine
Einzahl	Singular	Ball
Mehrzahl	Plural	Bälle
Fürwort	Pronomen: steht für ein Namenwort, Nomen	Der Hund bellt. – Er bellt.
Tunwort	Zeitwort, Verb	lachen, fahren, blühen
Grundform	Infinitiv	lernen
Personalform	Flektierte Form	ich lerne, du lernst, wir lernen …
Gegenwart	Präsens	ich lerne
Einfache Vergangenheit	Präteritum, Imperfekt	ich lernte
Zusammengesetzte Vergangenheit	Perfekt	ich habe gelernt
Wiewort/Grundstufe	Eigenschaftswort, Adjektiv	groß, lustig, fröhlich
1. Vergleichsstufe **2. Vergleichsstufe**	Komparativ, Höherstufe Superlativ, Höchststufe	größer am größten
Satzglied	Satzteil	Lisa spielt.
Satzgegenstand	Subjekt	Lisa
Satzaussage	Satzkern, Prädikat	spielt
Wortfamilie/ Wortstamm	Alle Wörter mit gleichem Wortstamm, z. B. -SPIEL- gehören zu einer Wortfamilie.	spielen, Spielplatz, verspielt, spielerisch

A

So übst du mit dem Regelbuch

Bevor du mit dem Üben beginnst,
bastle dir dein eigenes Regelbuch.

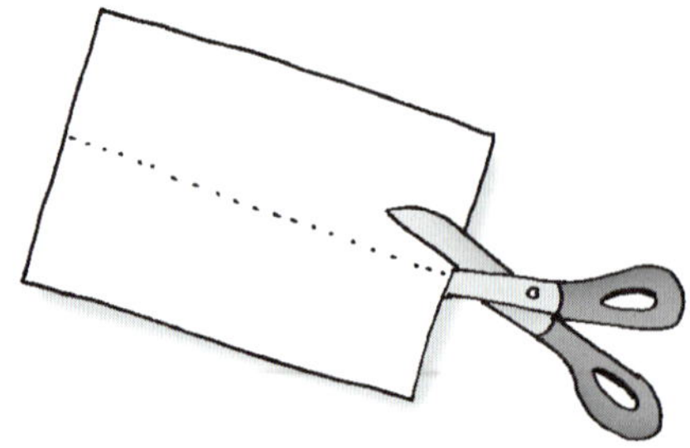

So geht's:

1. Schneide die folgenden Seiten entlang der gestrichelten Linien auseinander.

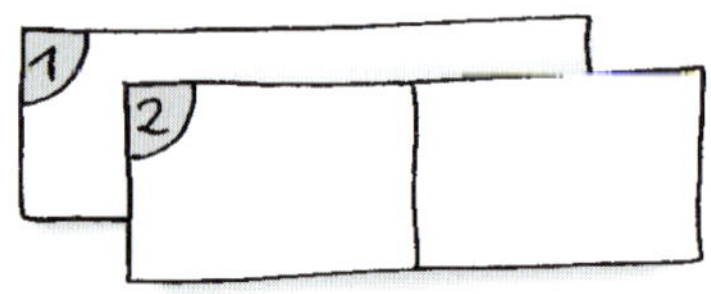

2. Ordne die Papierstreifen: Beginne mit Regel 1 und lege nacheinander Regel 2 bis 12 aufeinander. Achte auf die Zahlen links oben in der Ecke.

3. Lege die Streifen genau aufeinander und falte sie sorgfältig in der Mitte zusammen.

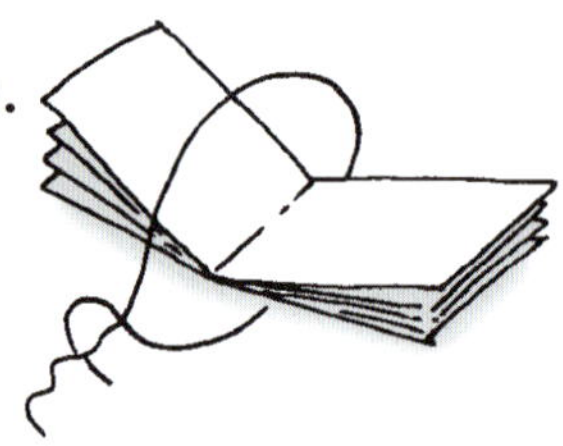

4. Nun musst du nur noch einen Bindfaden in die Falze der Mitte legen und die Enden miteinander verknoten. Fertig!

So kannst du mit dem Regelbuch üben:

1. Lies dir die Regel auf der linken Seite genau durch.

2. Sieh dir das Beispiel darunter an. Hast du es verstanden? Manchmal verstehst du es besser, wenn du das Beispiel einmal selbst abschreibst.

3. Teste die Regel mit der grünen Aufgabe: Bearbeite die Aufgabe zuerst in deinem Übungsheft. Kontrolliere und übertrage die richtige Lösung sauber in das Regelbuch.

Regelbuch zu Lernprofi Deutsch, 3. Klasse

3. Klasse

Deutsch

Regelbuch

23

Satzaussage (Satzkern, Prädikat)

Das Satzglied, das auf die Frage Was tut? oder Was geschieht? antwortet, nennt man Satzaussage (Satzkern).

Beispiel:

Lisa baut mit ihrem Bruder eine Sandburg.

Was tut Lisa? – baut

Tom liest ein Buch.

Was tut Tom? – liest

Teste die Regel:

Teste bei jedem Wort, ob es einen Begleiter und eine Mehrzahl hat:

KINDBAUMLACHENHUND

Welches der Wörter ist kein Namenwort?

____

1

Namenwörter (Nomen)

Namenwörter sind Namen für Menschen, Dinge oder Tiere.
Sie werden großgeschrieben. Namenwörter erkennst du daran, dass sie einen Begleiter haben.
Die bestimmten Begleiter heißen: der, die, das.
Die unbestimmten Begleiter heißen: ein, eine.
Namenwörter kannst du oft in die Mehrzahl setzen.

Beispiel:

Einzahl: der Turm, ein Turm
Mehrzahl: die Türme

Teste die Regel:

Ermittle in diesen Sätzen die Satzaussage.

Leo kauft im Kaufhaus einen Computer.
Was tut Leo? ______________

Nina liest ein Buch.
Was tut Nina? ______________

Das Brot liegt im Brotkorb.
Was tut das Brot? ______________

2

Tunwörter (Verben)

Tunwörter sagen, was Menschen, Tiere oder Dinge tun.
Sie werden kleingeschrieben.
Tunwörter haben eine Grundform und eine Personalform.

Beispiel:

Grundform: spielen
Personalform: du spielst, wir spielen …

Teste die Regel:

Ermittle in diesen Sätzen den Satzgegenstand.

Leo kauft im Kaufhaus einen Computer.
Wer? ______________

Nina liest ein Buch.
Wer? ______________

Das Brot liegt im Brotkorb.
Was? ______________

3

Fürwörter (Pronomen)

Die Wörtchen ich, du, er, sie, es, wir, ihr, sie
nennt man Fürwörter.
Sie stehen für Namenwörter (Nomen).

Beispiel:
Das Kind lacht. Es lacht.

Teste die Regel:

Stelle diesen Satz zweimal um.
Kreise dann jedes Satzglied einzeln ein.

Leo kauft mit seinem Vater im Kaufhaus einen Computer.

____

____

4

Vorsilben

Vorsilben sind Wortbausteine.
Du kannst damit die Bedeutung von Wörtern verändern.
Häufige Vorsilben sind ver-, vor-, ab-, aus-, ein-.
Merke dir:
Die Vorsilben ver- und vor- werden mit v geschrieben.

Beispiel:
lesen: vorlesen
raten: verraten
messen: abmessen

Teste die Regel:

Verlängere diese Wörter. Trage dann
den richtigen Buchstaben in der Mitte ein.

b/p? : sie schie __ t – Verlängerung: __________

g/k? : er flie __ t – Verlängerung: __________

b/p? : sie schrei __ t – Verlängerung: __________

22

Satzgegenstand (Subjekt)

Das Satzglied, das auf die Frage Wer? oder Was? antwortet, nennt man Satzgegenstand (Subjekt).

Beispiel:

Lisa baut mit ihrem Bruder eine Sandburg.
Wer baut eine Sandburg? – Lisa

Tom liest ein Buch.
Wer liest ein Buch? – Tom

Teste die Regel:

Schreibe zu diesen Verben in der Grundform je eine Personalform auf:

lachen
schnarchen
lesen

ich, du,
er, sie, es,
wir, ihr, sie

21

Satzglieder

Ein Satz besteht aus einzelnen Wörtern.
Man kann diese Wörter umstellen.
Die Wörter, die beim Umstellen immer zusammenbleiben, bilden ein Satzglied.

Beispiel:

Lisa | baut | mit ihrem Bruder | am Strand | eine Sandburg.

Lisa | baut | am Strand | mit ihrem Bruder | eine Sandburg.

Teste die Regel:

Ersetze jedes unterstrichene Namenwort durch ein passendes Fürwort:

Er
Sie Es

Das Kind malt.
Der Eisbär schläft.
Die Leute klatschen.

5

Zeitformen

Tunwörter (Verben) werden
in verschiedenen Zeitformen verwendet.
Was schon geschehen ist, ist Vergangenheit.
Was gerade passiert, ist Gegenwart.
Was noch geschehen wird, ist Zukunft.

Beispiel:

Vergangenheit: Ich habe gelernt.
Gegenwart: Ich lerne.
Zukunft: Ich werde lernen.

Teste die Regel:

Verlängere diese Wörter. Trage dann den Buchstaben am Ende richtig ein.

d/t? : das Pfer ___ – Verlängerung: ______

b/p? : lie ___ – Verlängerung: ______

g/k? : ich ma ___ – Verlängerung: ______

6

Einfache Vergangenheitsform

Um auszudrücken, dass etwas schon länger zurückliegt,
kann man das Tunwort in der einfachen Vergangenheit
verwenden.
Die einfache Vergangenheit brauchst du oft,
wenn du über etwas Vergangenes schreibst.

Beispiel:

lesen: ich las
lernen: wir lernten
gehen: er ging

Teste die Regel:

Verlängere diese Wörter.
Wie klingt der s-Laut? Höre auf den Unterschied.

Gras : ______

Haus : ______

Floß : ______

20

Wörter mit b/p, d/t, g/k in der Mitte

Bei Tunwörtern kannst du manchmal in der Mitte des Wortes schlecht hören, ob du b oder p, d oder t, g oder k schreiben musst. Hier hilft der Verlängerungstrick.

Verlängere so:

er fliegt – fliegen

du gibst – geben

sie bleibt – bleiben

Teste die Regel:

Setze Vorsilben vor das Tunwort *fahren.*

Merkst du, wie sich die Bedeutung verändert?

ver- vor- ab-

fahren

19

Wörter mit b/p, d/t, g/k am Ende

Manchmal kannst du schlecht hören, ob du ein Wort am Ende mit b oder p, d oder t, g oder k schreiben musst.

Hier hilft der Verlängerungstrick.

Verlängere so:

Bilde bei Namenwörtern die Mehrzahl:

der Weg – die Wege

Bilde bei Tunwörtern die Grundform:

er stieg – steigen

Setze Wiewörter vor ein Namenwort:

lustig – ein lustiges Buch

Teste die Regel:

Verbinde die Sätze mit der richtigen Zeitform:

1) Vergangenheit 2) Gegenwart 3) Zukunft

a) Morgen werde ich in den Zoo gehen.

b) Gestern hat es nur geregnet.

c) Jetzt nicht! Ich esse gerade.

d) In den letzten Ferien waren wir am Meer.

7

Zusammengesetzte Vergangenheitsform

Um auszudrücken, dass etwas schon länger zurückliegt, kann man das Tunwort in der zusammengesetzten Vergangenheit verwenden.
Die zusammengesetzte Vergangenheit brauchst du oft, wenn du etwas Vergangenes mündlich erzählst.

Beispiel:

lesen: ich habe gelesen
lernen: du hast gelernt
gehen: er ist gegangen

Teste die Regel:
Sprich die Wörter laut. Markiere alle lang gesprochenen Selbstlaute mit einem Strich:

gießen – Kissen	Floß – Flossen
Boss – groß	grüßen – müssen

8

Wiewörter (Adjektive)

Wiewörter beschreiben,
wie Menschen, Tiere oder Dinge sind.
Sie werden kleingeschrieben.
Die meisten Wiewörter kannst du steigern.
So kannst du vergleichen.

Beispiel:

Grundform:	schnell
1. Vergleichsstufe:	schneller
2. Vergleichsstufe:	am schnellsten

Teste die Regel:
Sprich die Wörter laut. Markiere alle kurz gesprochenen Selbstlaute mit einem Punkt:

gießen – Kissen	Floß – Flossen
Boss – groß	grüßen – müssen

18

s oder ß?

Nach einem langen Selbstlaut kann ein s oder ein ß folgen.
Oft ist das kein Problem, denn du kannst den Unterschied hören.
In der Wortmitte klingt das s weich, das ß klingt scharf.

Beispiel: H_o_-se → S_o_-ße

Am Wortende klingen s und ß gleich.

Beispiel: Glas → Spaß

Verlängere solche Wörter, dann kannst du es wieder hören.

Beispiel: Glas – Glä-ser → Spaß – Spä-ße

Teste die Regel:

Setze die Sätze in die einfache Vergangenheit:

Ich bade im See.
Meine Mutter kauft mir ein Eis.

17

Wörter mit ß

Das ß steht nach einem lang gesprochenen Selbstlaut.

Beachte:

Nach den Doppellauten ei, eu, au, äu steht auch oft ß.

Beispiel:

S_o_ße
dr_au_ßen
h_ei_ß

Teste die Regel:

Setze die Sätze in die zusammengesetzte Vergangenheit:

Ich bade im See.
Meine Mutter kauft mir ein Eis.

9

Selbstlaute – Mitlaute – Umlaute

Die Buchstaben a, e, i, o, u nennt man Selbstlaute.
Alle anderen Buchstaben heißen Mitlaute.
Die Buchstaben ä, ö, ü sind Umlaute.

Merke dir: In der deutschen Sprache enthält jede Silbe eines Wortes mindestens einen Selbstlaut oder Umlaut.

Beispiel:
Stif-te
hö-ren
Dra-chen-schnur

Teste die Regel:
Immer ein Wort gehört nicht zur Familie.
Streiche es durch.

-bau- : an**bau**en, der **Bau**er, die **Bau**stelle, der Traktor

-wohn- : die Wohnung, die Tür, wohnen, bewohnt

-fahr- : das Auto, das Fahrzeug, der Fahrstuhl, fahren

10

Doppelte Mitlaute

Nach einem kurzen Selbstlaut folgen normalerweise mindestens zwei Mitlaute.
Hörst du nach dem kurzen Selbstlaut nur einen Mitlaut, musst du ihn doppelt schreiben.

Beispiel:
Kiste
rennen
Blätter
sammeln

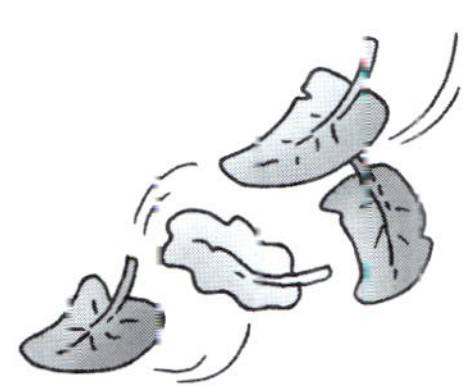

Teste die Regel:
Sprich die Wörter laut. Markiere alle kurz gesprochenen Selbstlaute mit einem Punkt:

Bäcker Sack frieren Zacke baden
bücken lesen Strecke

16

Wörter mit ss

Das ss steht nach einem kurz gesprochenen Selbstlaut.

Beispiel:
fressen
aufpassen
Kissen

Teste die Regel:

Schreibe von diesen Wiewörtern immer die 1. Vergleichsstufe und die 2. Vergleichsstufe auf:

schön, warm, laut

15

Wortfamilie

Verwandte Wörter gehören zu einer Wortfamilie. Die Verwandtschaft erkennst du am Wortstamm: Alle Wörter mit gleichem Wortstamm gehören zu einer Wortfamilie.

Beispiel:
Wortstamm: -SPIEL-
Wörter aus dieser Wortfamilie:
spielen, verspielt, das Spiel, spielerisch, der Spielplatz, die Spielerin …

Teste die Regel:

Trenne diese Wörter und markiere die Selbstlaute. Stimmt es, dass in jeder Silbe mindestens ein Selbstlaut steckt?

Blatt lesen Lokomotive Donaudampfschifffahrtskapitän

11

Wörter mit ie

Sprichst du in einem Wort das i lang,
schreibst du meistens ie.

Beispiel:
Riese
tief
siegen

Teste die Regel:
Sprich die Wörter laut. Markiere alle kurz gesprochenen Selbstlaute mit einem Punkt:

kratzen Blitz Platz Witz hören
Kätzchen schnitzen bohren der Letzte

12

Wörter mit Dehnungs-h

Wird ein Selbstlaut lang gesprochen, folgt oft ein h.
Achtung:
Das h hörst du beim Sprechen nicht.
Man nennt dieses stumme h Dehnungs-h.
Lerne die Wörter mit dem „Dehnungs-h“ auswendig!

Beispiel:
Zahn
Stuhl
Mehl

Teste die Regel:
Sprich die Wörter laut. Markiere alle langen Selbstlaute und das stumme h mit einem Strich:

wählen fahren klatschen küssen fehlen
Zähne Stühle kahl

14

Wörter mit ck

Das ck steht nach einem kurz gesprochenen Selbstlaut.

Beispiel:

Rock
Decke
Backe

Teste die Regel:

Sprich die Wörter laut. Markiere alle kurz gesprochenen Selbstlaute mit einem Punkt:

Himmel glatt loben Berg fallen liegen

passen Nuss fahren Welt

13

Wörter mit tz

Das tz steht nach einem kurz gesprochenen Selbstlaut.

Beispiel:

Katze
sitzen
putzen

Teste die Regel:

Sprich die Wörter laut. Markiere alle langen i-Laute mit einem Strich:

viel bitten Himmel gießen

liegen biegen lieben

Diebstahl Ding Fisch

Lernprofi Deutsch

4. Klasse

Deutsch, 4. Klasse

Wortarten erkennen

Nomen

Großschreibung • Bestimmter/unbestimmter Artikel • Einzahl/Mehrzahl • Artikelprobe • Zusammengesetzte Nomen • Endungen • Fremdwörter

Verben

Kleinschreibung • Grundform: Stamm und Endung • Flektion • Zeitformen: Präsens, Präteritum, Perfekt • Vorsilben • Wortfelder • Unregelmäßige Verben

Adjektive

Kleinschreibung • Vergleichsstufen • Gegensätze • Endungen -ig, -lich • Zusammengesetzte Adjektive

Richtig schreiben

Lange Vokale

Wörter mit ie • Wörter mit Dehnungs-h • Wortfamilien • Fremdwörter auf -ieren

Kurze Vokale

Wörter mit Doppelkonsonant • Wörter mit ck, tz • Trennung bei ck • Wortfamilien, verwandte Wörter

Sätze verstehen

Nomen

1 Karlo will ans Meer verreisen und packt seine Koffer.
Schreibe die Namen der Dinge mit dem unbestimmten Artikel in dein Übungsheft.

2 Karlo liest im Urlaub gern Tierbücher. Wie heißen die Buchtitel?
Schreibe die Wörter mit dem bestimmten Artikel auf.

3 a) Unterstreiche die Nomen in den Sätzen.

Karlo sammelt am Strand gern Muscheln. Deshalb hat er immer einen roten Eimer dabei. Manchmal liegt er einfach nur in seinem Liegestuhl und genießt die Sonne. Konfetti schläft den ganzen Tag.

[redacted]

b) Schreibe alle Nomen (außer den Namen) in der Mehrzahl und mit dem bestimmten Artikel in dein Übungsheft.

[redacted]

4 Schreibe den Satz mit Groß- und Kleinbuchstaben auf.

AMSTRANDGIBTESVIELEKREBSE,
MUSCHELNUNDSTRANDKÖRBE.

5 Lege dir eine Wörterliste an: Zähle in deinem Übungsheft 10 Seiten von hinten ab. Dort beginnt deine Liste. Suche dir in diesem Kapitel 15 Nomen aus und schreibe sie in das Heft. Im Regelbuch bei Regel 1 (ab Seite 341) erfährst du, wie du die Wörter üben kannst. Die Übungen kommen vorne ins Heft.

? Wo willst du weiterüben? → Level 1 / Level 2

1 Nomen

1 Bilde mit dem Wort WASSER zusammengesetzte Nomen und schreibe sie mit dem bestimmten Artikel ins Heft.

[redacted]

2 Wie viele zusammengesetzte Nomen findest du zum Wort HAUS? Schreibe sie ins Heft.

[redacted]

3 Bilde superlange Nomen und schreibe sie mit Artikel auf.

die Schokolade + das Plätzchen + der Guss
das Blei + der Stift + der Anspitzer + die Klinge

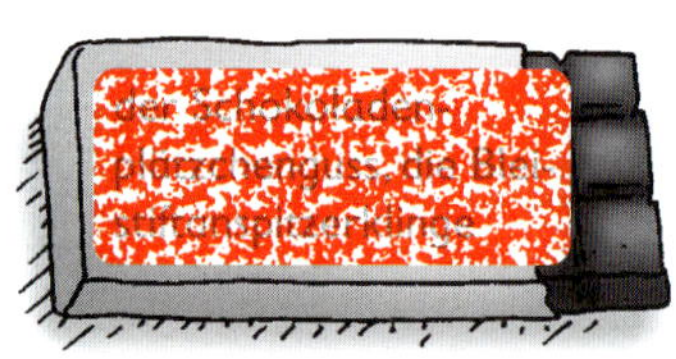

4 Verbinde passende Nomen und Adjektive und schreibe sie mit dem bestimmten und unbestimmten Artikel ins Heft, z. B. *die kleine Fliege – eine kleine Fliege*.

groß | klein | süß | schlau | schnell

Fliege | Elefant | Fuchs | Hase | Pferd

[redacted]

5 Schreibe über die Tiere aus Aufgabe 4 eine kleine Geschichte in dein Heft, z. B. *Eines Tages traf der große Elefant einen schlauen Fuchs. Der gab ihm einen guten Rat …*

6 Bilde zu den Wörtern auf Konfettis Hundehütte die Mehrzahl. Schreibe die Wörter mit Artikel ins Heft.

Traust du dich jetzt an Level 2 ?

2 Nomen

1 a) Ergänze die Satzschlusszeichen und schreibe die Geschichte richtig ins Heft. Denke an die Groß- und Kleinschreibung.

Konfetti träumt von einem fliegenden teppich damit könnte er in viele länder fliegen und interessante menschen kennenlernen am liebsten würde er nach amerika reisen und die riesigen wolkenkratzer und großen brücken bewundern

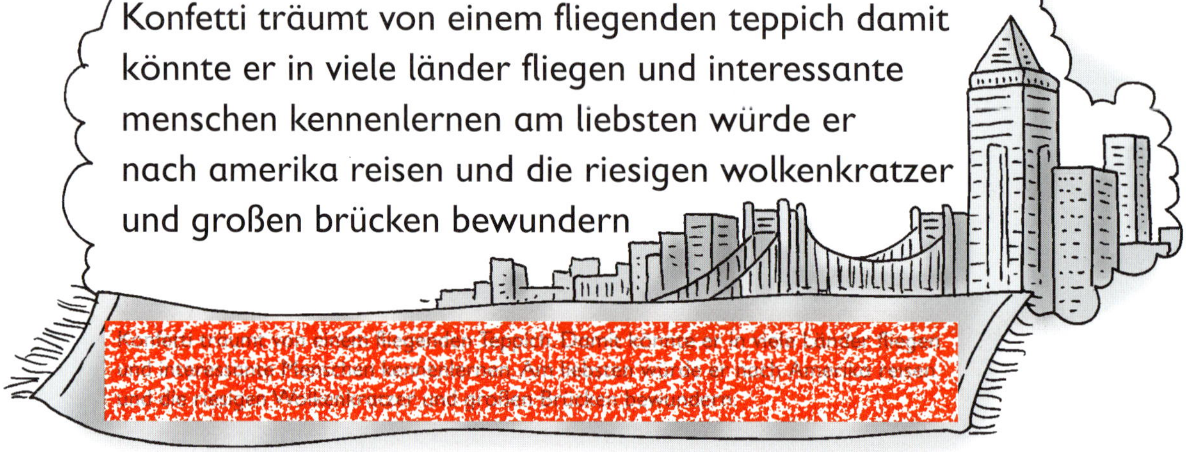

[redacted]

b) Unterstreiche alle Nomen in deinem Text und schreibe sie hier nach dem Alphabet geordnet auf.

____

____

[redacted]

- ☐ Nein, ich mache weiter.
- ☐ Ja, ich blättere noch einmal zu Level 1.
- ☐ Ja, ich versuche es später noch einmal.

2 Bilde immer die Mehrzahl. Schreibe sie ins Heft.

Kuh, Maus, Gabel, Eimer, Tasse,
Korb, Stift, Buch, Heft, Geige, Stuhl

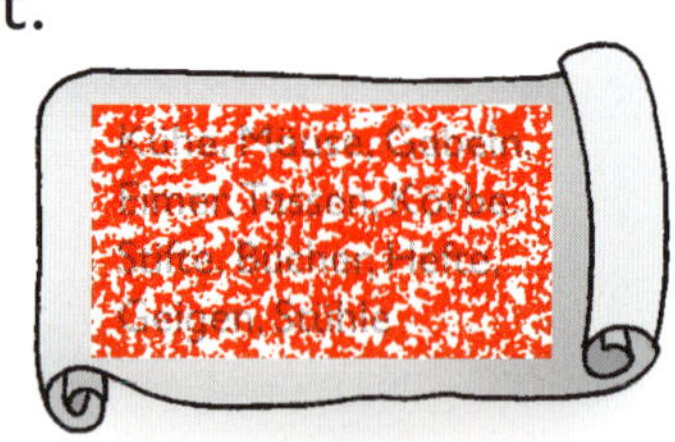

[redacted]

3 Diese Maschine macht aus Wörtern Nomen. Schreibe die Nomen mit passender Endung und bestimmtem Artikel ins Heft.

4 Schreibe zu jedem Nomen aus Aufgabe 3 einen passenden Satz ins Heft.

5 Trage die Fremdwörter ein. *Tipp*: Die Wörter findest du rückwärtsgeschrieben im Kasten. Die Buchstaben über den Zahlen sagen dir, was Karlo gern isst.

ekibniatnuoM
snaeJ
retupmoC
oopmahS
azziP

Belegter Teigfladen: _ _ _ _ _ (1)

Elektronischer Rechner: _ _ _ _ _ _ _ _ (10, 3, 7)

Hose aus festem Stoff: _ _ _ _ _ (4, 5)

Haarwaschmittel: _ _ _ _ _ _ _ (9, 11, 13)

Geländefahrrad: _ _ _ _ _ _ _ _ _ _ _ _ (2, 12, 8, 6)

Lösungswort: _ _ _ _ _ _ mit _ _ _ _ _ _ _ _
1 2 3 3 4 5 — 6 7 8 9 10 11 12 13

[redacted]

T

Test: Nomen

► Lösungen: Seite 334

1 Bilde zusammengesetzte Nomen.
Schreibe sie in der Mehrzahl auf.

5

Schlüssel	Pferd
Haus	Kanne
Tee	Baum
Apfel	Blume
Schaukel	Tür

______

______

______

2 Unterstreiche alle Nomen in den Sätzen.

5

Heute machen Tina und Ralf einen Ausflug.
Es ist schönes Wetter. Sie fahren mit dem Fahrrad zum See.
Danach gehen sie in die Stadt und essen ein Eis.
Abends schauen sie im Kino einen spannenden Film an.

3 Bilde verwandte Nomen und schreibe sie mit dem bestimmten Artikel auf.

5

heiter ______

frech ______

untersuchen ______

gemein ______

umleiten ______

Gesamtpunkte:

► Tabelle, Seite 338

Mach mit!

▶ Wörterkette

Für dieses Spiel brauchst du einen Partner. Bildet eine möglichst lange Kette aus zusammengesetzten Nomen. Das letzte Wort muss immer der Anfang des neuen Worts sein, z. B. *Haustür, Türschloss, Schlossgarten* usw.

▶ Lieblingswort-Gedicht

Male fünf Linien auf ein Blatt Papier. Denke dir ein langes Lieblingswort aus. Es muss aus mehreren Silben bestehen. Schreibe dieses Wort auf die erste, dritte und fünfte Linie. Setze die Teile deines Lieblingsworts in anderer Reihenfolge zu Fantasiewörtern zusammen. Schreibe diese Fantasiewörter jeweils in die zweite und vierte Zeile.

Beispiel:
Sonnenblumenblatt
Blattsonnenblumen
Sonnenblumenblatt
Blumenblattsonnen
Sonnenblumenblatt

▶ Knack den Geheimcode

Mit diesem Geheimcode kannst du mit deinen Freunden geheime Botschaften austauschen. Ihr könnt einzelne Wörter, z. B. Namen, oder ganze Sätze verschlüsseln. Ersetzt jeden Buchstaben durch das entsprechende Zeichen.

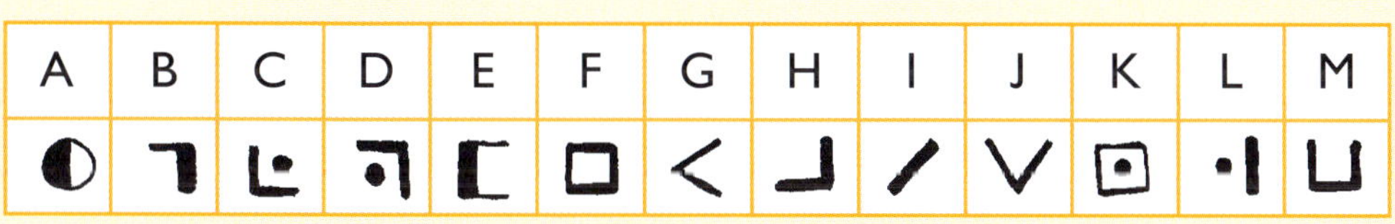

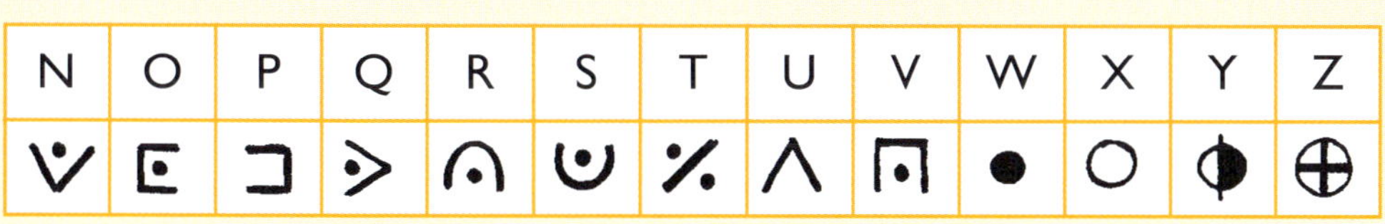

S

Verben

1 Was tut Karlo gern? Schreibe unter jedes Bild das passende Verb.

__________ __________ __________ __________

2 Trage die Verben von Aufgabe 1 richtig in den Text ein.

Karlo geht am Wochenende gern __________.

Er __________ alles, was ihm auf dem Weg gefällt.

Wenn er Hunger bekommt, __________ er eine Scheibe Brot. Am Sonntag trifft Karlo seinen Freund Jan. Jan ist Maler. Er __________ ein Bild von Konfetti.

3 Umkreise die Verben und schreibe sie ins Heft.

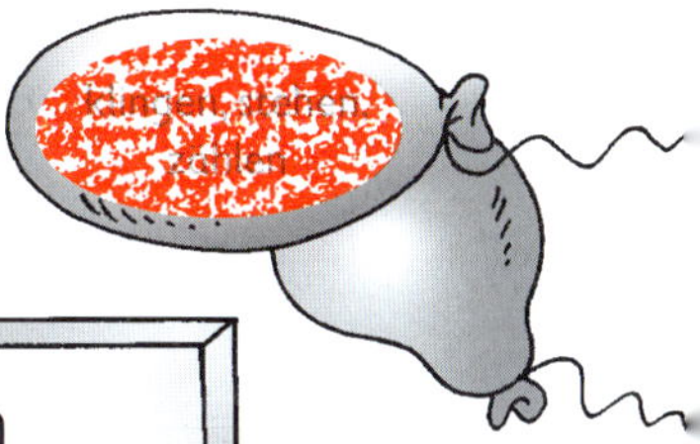

4 Schreibe jeweils die Reimwörter in der Grundform dazu. Unterstreiche die Endungen farbig.

▲ sing<u>en</u>	★ gehen	● wählen
♥ kl________	■ st________	◗ z________

5 Schreibe die Verben aus Aufgabe 4 in der passenden Personalform ins Heft. Achte auf die Symbole, z. B. *ich singe*.

ich ▲	du ◗	es ♥
wir ■	ihr ★	sie ●

6 Trage die Verben in der richtigen Personalform ein.

	malen	treffen	können	lesen
ich	*male*			
du				
er, sie				
wir				
ihr				
sie				

? Wo willst du weiterüben? → Level 1 → Level 2

1 Verben

1 Setze die Verben mit den passenden Vorsilben zusammen und schreibe sie ins Heft. Es gibt oft mehrere Möglichkeiten.

2 Welche Wörter kannst du statt *gehen* noch benutzen? Schreibe so viele wie möglich ins Heft.

[redacted]

3 Trage passende Verben aus der Sammlung von Aufgabe 2 hier ein:

Der Indianer ______________ leise zu seinem Pferd.

Sie ______________ als Erste ins Ziel.

Tim geht mit seinem Hund ______________.

Tina ______________, so schnell sie kann, zur Bushaltestelle.

Ralf macht eine Bergtour. Er ______________ drei Stunden.

Herr Koch ______________ gemütlich durch den Park.

4 Oli war mit seiner Klasse im Landschulheim.
Er schreibt darüber einen Bericht für die Schülerzeitung.
Trage die Verben im Präteritum ein. Regel 5 hilft dir.

Am Montag ___trafen___ (treffen) wir uns an der Schule.

Wir ______________ (fahren) mit dem Bus zu einer

Berghütte. Wir ______________ (schlafen) immer zu viert in

einem Zimmer. In der großen Küche ______________ (kochen)

wir selbst. Das ______________ (machen) uns viel Spaß!

Jeden Tag ______________ (gehen) wir wandern.

5 Auch seinem Freund erzählt Oli vom Landschulheim.
Setze die Verben im Perfekt ein. Regel 6 hilft dir.

Am Montag ___haben___ wir uns an der Schule

___getroffen___. Wir ______________ mit dem Bus

zu einer Berghütte ______________.

Wir ______________ immer zu viert in einem Zimmer

______________. In der großen Küche ______________

wir selbst ______________. Das ______________

uns viel Spaß ______________! Jeden Tag

______________ wir wandern ______________.

? Traust du dich jetzt an Level 2?

2

Verben

1 Bilde neue Verben. Schreibe zu jedem Verb einen Satz ins Heft, z. B. *aussehen: Sie sieht müde aus.* [redacted]

aus- weg- ein- vor-

sehen laufen sagen gehen

2 Lies den Text. Unterstreiche die Verben. [redacted]

Karlo geht auf die Geburtstagsparty seines Freundes. Zuerst überreicht Karlo das Geschenk. Dann begrüßt er die anderen Gäste und setzt sich an den Tisch. Danach isst er ein großes Stück Geburtstagstorte.

3 Schreibe den Text zweimal ins Heft wie vorgegeben.

a) Karlo schreibt abends in sein Tagebuch. Setze die Verben ins Präteritum:

Heute ging ich …

[redacted]

b) Karlo erzählt einem Freund von der Party. Setze die Verben ins Perfekt:

Heute bin ich … gegangen

[redacted]

☐ Nein, ich mache weiter.

☐ Ja, ich blättere zurück zu Seite 273.

☐ Ja, ich versuche es später noch einmal.

4 Ergänze die Tabelle.

Präsens	Präteritum	Perfekt
ich schlafe		habe geschlafen
du gehst		
er		hat gebissen
wir schießen		
ihr lauft		

[redacted]

5 Ergänze die Sätze mit der richtigen Zeitform.

Perfekt: Ich ________ heute Nacht gut ________________ (schlafen).

Präteritum: Der Spieler ______________ (schießen) ein Tor.

Präsens: Ihr ______________ (laufen) aber schnell!

Präteritum: Der Junge ______________ (fallen) von der Leiter.

Perfekt: Ich ________ den Ball ________________ (werfen).

Präteritum: Die Frau ________________ (vergessen) ihren Schirm.

[redacted]

6 Schreibe 15 Verben aus diesem Kapitel in deine Wörterliste und schau im Regelbuch bei Regel 2 nach.

T

Test: Verben

► Lösungen: Seite 334

1 Schreibe zum Verb *können* die passenden Personalformen auf. 3

ich ____________ du ____________ er, sie ____________

wir ____________ ihr ____________ sie ____________

2 Finde zu jedem der Verben eine passende Vorsilbe. 4

______ fahren ______ schicken

______ singen ______ suchen

3 Ergänze die Tabelle. 5

Präsens	Präteritum	Perfekt
ich schieße		
sie		hat gesungen
er schreibt		
wir		haben vergessen
ihr		habt gegessen

4 Ergänze die Verben in der richtigen Zeitform. 3

Präteritum: Ich ____________ (schlafen) gut.

Perfekt: Du ______ in die Schule ____________ (gehen).

Präteritum: Wir ____________ (rufen) laut um Hilfe.

Gesamtpunkte:

► *Tabelle, Seite 338*

Mach mit!

► Sätze würfeln

Würfle mit zwei Würfeln. Bilde passende Sätze,
z. B. bei ⚀ und ⚃: ich laufe.

Würfel 1	Würfel 2
⚀ ich	⚀ fahren
⚁ du	⚁ singen
⚂ er, sie, es	⚂ können
⚃ wir	⚃ laufen
⚄ ihr	⚄ sein
⚅ sie	⚅ tanzen

► Schreibe ein möglichst langes Treppengedicht.

Beispiel:
Ich
Ich gehe
Ich gehe oft
Ich gehe oft in den Ferien
Ich gehe oft in den Ferien zum Schwimmen
Ich gehe oft in den Ferien zum Schwimmen ins Freibad.

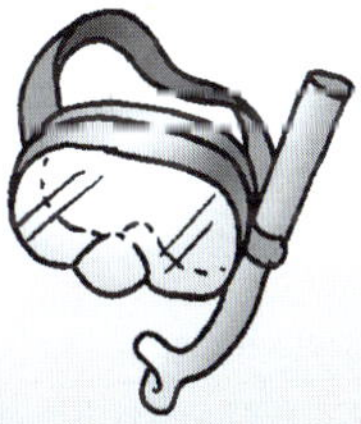

► Redensarten raten

Spielt zu zweit oder zu dritt: Schreibt folgende Redensarten auf Zettel. Jeder Spieler zieht einen Zettel und malt ein Bild, das zur Redensart passt. Erraten die Mitspieler die Redensart?

Seinen Senf dazugeben
Kein Blatt vor den Mund nehmen
Mit einem blauen Auge davonkommen
Aus einer Mücke einen Elefanten machen

Adjektive

1 In den Bilderrätseln sind Adjektive versteckt. Schreibe sie ins Heft und bilde zu jedem Adjektiv einen lustigen Satz.

warm, ______________________________

2 Beschreibe dieses Fahrrad so genau wie möglich. Wähle passende Farbwörter aus und benutze treffende Adjektive. Schreibe ins Heft. Die Wörter auf der Mauer helfen dir.

[redacted]

3 Dein Fahrrad wurde in der Schule gestohlen. Du willst einen Aushang am Schwarzen Brett machen. Versuche dein eigenes Fahrrad so genau wie möglich zu beschreiben. Du kannst dein Fahrrad auch noch malen.

4 a) Hänge -ig oder -lich an.
Bilde so aus den Nomen Adjektive.

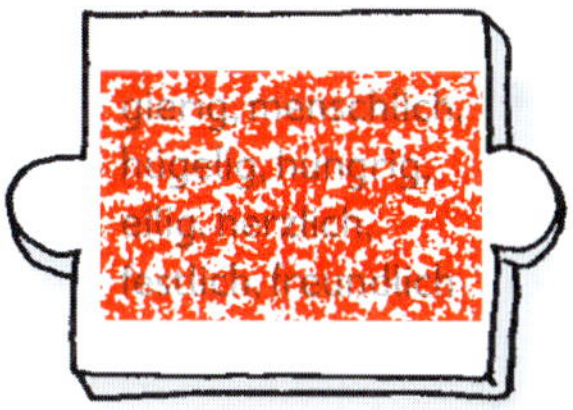
[redacted]

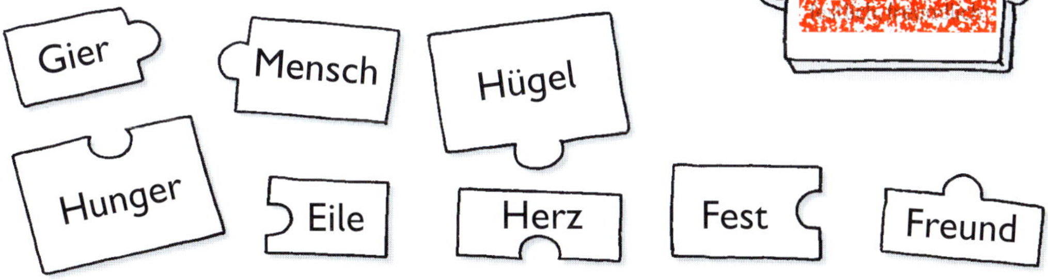

b) Bilde einen Satz mit möglichst vielen dieser Adjektive.

5 Ergänze die Tabelle.

Grundstufe	1. Vergleichsstufe	2. Vergleichsstufe
kurz		
	länger	
		am kleinsten
	dicker	

[redacted]

6 Schau deine Schulsachen genau an und versuche mit den Adjektiven aus Aufgabe 5 möglichst viele Sätze zu bilden, z. B. *Mein Füller ist dicker als mein Bleistift.*

? Wo willst du weiterüben? → Level 1 / Level 2

Adjektive

1 Im Text wurden die Adjektive vertauscht.
Kannst du die Sätze richtig ins Heft schreiben?

Karlo war heute im Zoo. Zuerst schaute er sich die grauen Tiger an. Dann ging er zu den niedlichen Elefanten. Die bunten Affen beobachtete er beim Klettern. Im Vogelkäfig gefielen ihm besonders die flinken Papageien. Zum Schluss stand er bei den gefährlichen Hasen.

2 Setze die Adjektive zusammen. Schreibe einen Satz ins Heft, in dem alle drei Adjektive vorkommen.

[redacted]

____

3 Ersetze die roten Ausdrücke durch Adjektive.

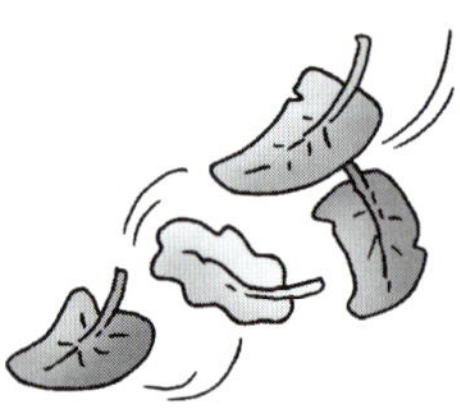

Er lief voller Angst durch den Wald.

Er lief ängstlich durch den Wald.

Jonas schleckte das Eis mit Genuss. [redacted]

____

Sie erledigte alles mit großem Fleiß. [redacted]

____

4 Beschreibe die Monster so genau wie möglich.
Wähle passende Farbwörter und benutze treffende Adjektive.

[redacted]

5 Verbinde passende Wörter und bilde daraus zusammengesetzte Adjektive. Schreibe sie ins Heft.

HART	KALT
ZITRONE	FEUER
ROT	STERN
KLAR	GELB
EIS	STEIN

[redacted]

6 Setze die Adjektive aus Aufgabe 5 in die Sätze ein.

Als die Sonne unterging, leuchtete der Himmel ______________.

Nachts war der Himmel ______________ und es war ______________. Wir schliefen auf einer ______________ Luftmatratze auf dem ______________ Boden.

[redacted]

? Traust du dich jetzt an Level 2?

Adjektive

1 Welche Endung passt zu welcher Wortart? Verbinde.
Überlege dir zu jeder Wortart ein Beispiel.

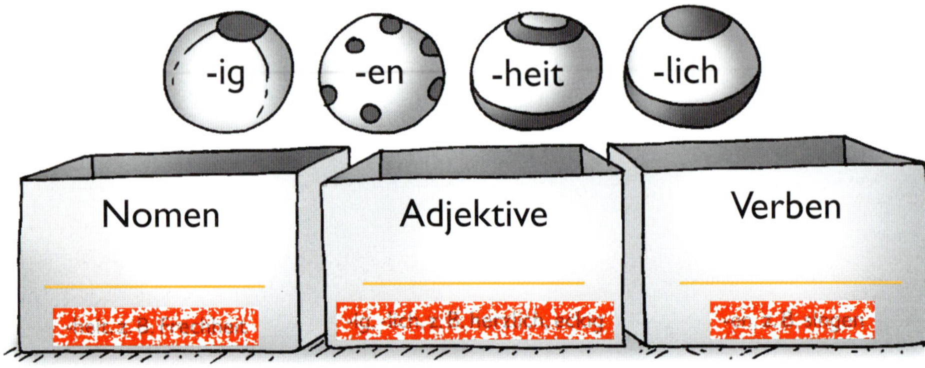

2 a) Umkreise die Adjektive.
Unterstreiche die Adjektive mit der Endung -ig/-lich rot.

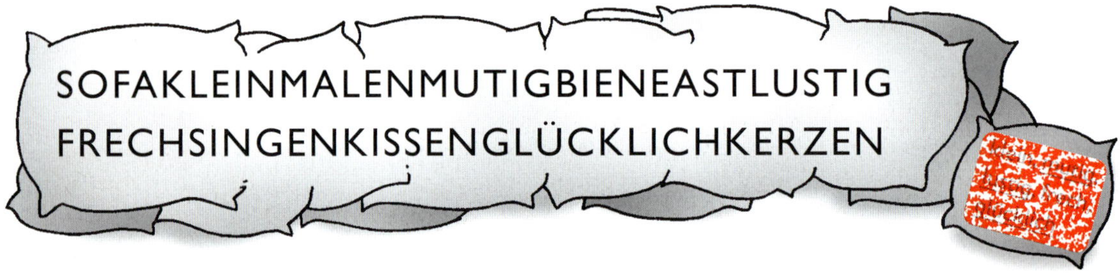

b) Schreibe zu jedem Adjektiv die 1. und 2. Vergleichsstufe ins Heft, z. B. klein – kleiner – am kleinsten.

c) Bilde zu jedem Adjektiv sinnvolle Sätze und schreibe sie ins Heft, z. B. Ich bin mutiger als mein Bruder.

☐ Nein, ich mache weiter.

☐ Ja, ich lese nochmals Regel 7 durch.

☐ Ja, ich versuche es später noch einmal.

3 Setze in jeden Satz zwei passende Adjektive ein.
Schreibe weitere Sätze ins Heft.

Der Hase hat ein kuscheliges, weiches Fell.

Die Giraffe hat einen ____________________ Hals.

Der Elefant hat einen ____________________ Rüssel.

Der Papagei hat ____________________ Federn.

4 Schreibe Vergleichssätze ins Heft. Karlo hilft dir.

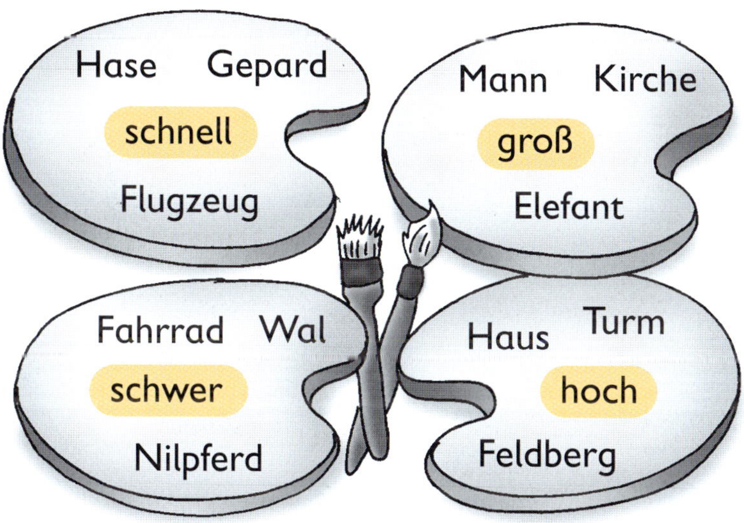

[redacted]

5 Vergleiche dich mit deinen Familienmitgliedern. Benutze *wie* und *als* richtig: Mein Bruder ist größer als ich.
Mein Freund ist genauso groß wie ich.

6 Schreibe 15 Adjektive in deine Wörterliste und schau im Regelbuch bei Regel 7 nach.

T

Test: Adjektive

► Lösungen: Seite 335

1 Bilde zu jedem Nomen ein passendes Adjektiv. [| 4]

Tag ____________ Mut ____________

Gefahr ____________ Sonne ____________

2 Ergänze die Tabelle. [| 4]

Grundstufe	1. Vergleichsstufe	2. Vergleichsstufe
hoch		
	schwerer	
lang		
	besser	

3 Bilde zusammengesetzte Adjektive. [| 3]

BLITZ SCHARF
MESSER GELB
ZITRONE SCHNELL

____

____

____

4 Unterstreiche alle Adjektive im Text. [| 4]

HEUTE MACHTEN WIR EINEN SCHÖNEN AUSFLUG MIT UNSEREN NEUEN FAHRRÄDERN. AUF EINER KLEINEN WIESE MACHTEN WIR EINE LANGE PAUSE. ES GAB LECKERE DINGE ZU ESSEN: EINEN ROTEN APFEL, SAFTIGE TRAUBEN UND EIN RIESIGES STÜCK KUCHEN.

Gesamtpunkte: [ ]

► Tabelle, Seite 338

Mach mit!

► Schreibe deinen Namen von oben nach unten auf. Erfinde zu jedem Buchstaben deines Namens einen Satz, der zu dir passt. Benutze dabei möglichst viele Adjektive.

Beispiel:
Lustig finde ich die süßen Affen im Zoo.
Elefanten mag ich gern, weil sie so groß und stark sind.
Nie würde ich eine haarige, eklige Spinne anfassen.
Ananas esse ich gern in unserem schönen, großen Garten.

► Bilde lustige Reime, in denen viele Adjektive vorkommen.

Beispiel:
In einem kleinen, roten, schiefen Haus
wohnte eine süße, graue, kleine Maus ...

► Male alle Felder aus, in denen Adjektive stehen. Was siehst du dann?

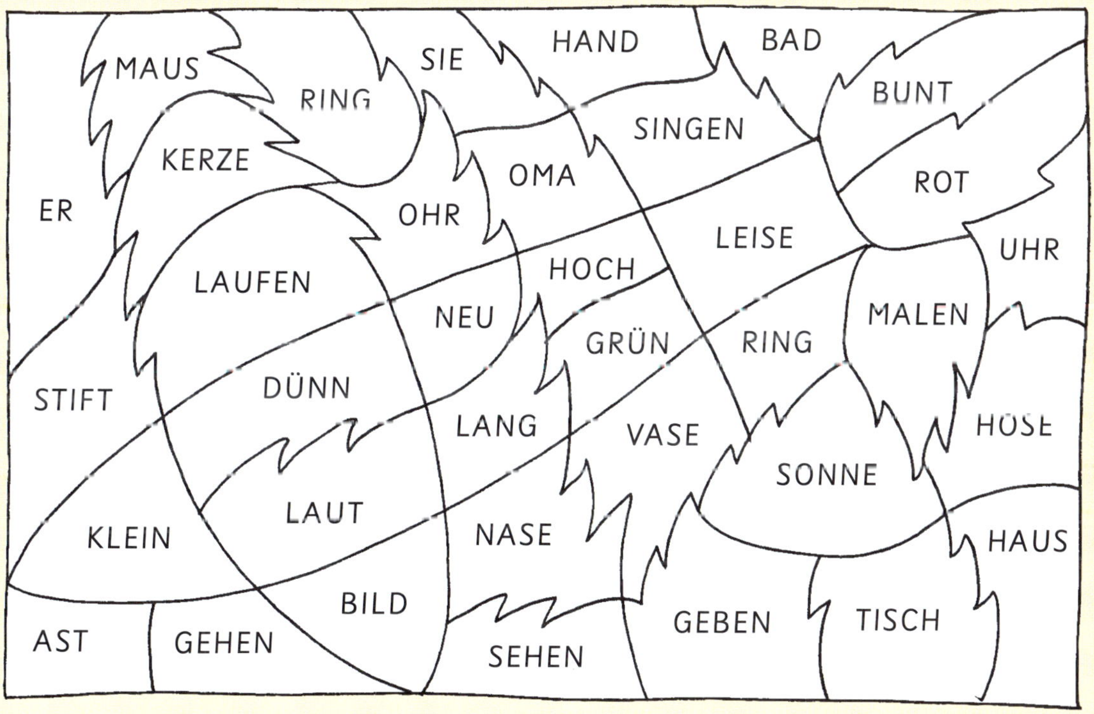

Lösung: Pinsel

S

Lange Vokale

1 Lies die Wörter laut. Hörst du einen kurzen oder einen langen Vokal? Male einen Punkt (.) oder einen Strich (_) darunter.

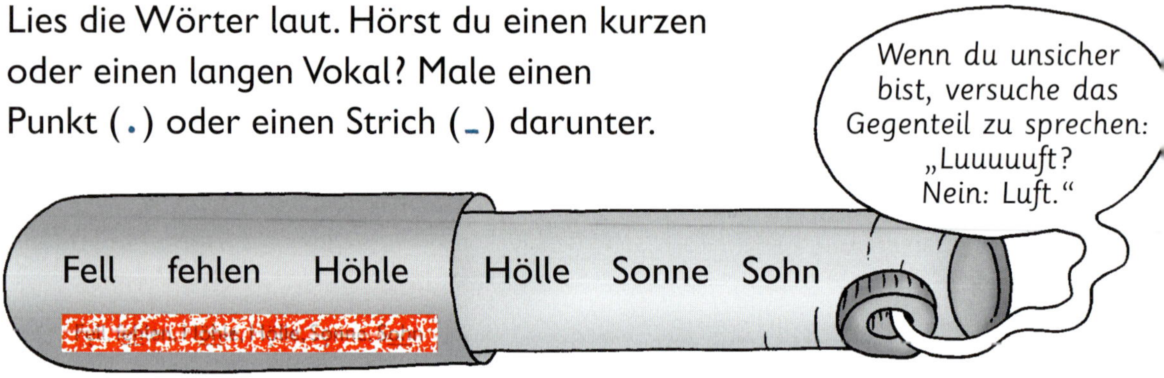

2 Ergänze den Satz richtig.

Der Buchstabe ____ verlängert den Vokal.

3 Was machen diese Kinder gern? Ergänze die Lücken.

4 Was machst du gern? Schreibe eigene Sätze. Du kannst die Lückenwörter aus Aufgabe 3 dabei verwenden.

5 Schreibe zu jedem Bild das passende Wort mit Artikel auf.

[redacted]

____

____

6 Setze die Wörter richtig ein.

Ein sehr großer Mensch: _ _ _ _ _ [redacted]

Darauf schreibt man: _ _ _ _ _ _ [redacted]

Schuhe für den Winter: _ _ _ _ _ _ _ [redacted]

Es gibt … Jahreszeiten: _ _ _ _ [redacted]

Jemand, der etwas stichlt: _ _ _ _ [redacted]

Gegenteil von immer: _ _ _ [redacted]

7 Setze die Verben ins Präteritum.
Benutze dabei die Personalform *ich*.

Manche Verben haben das ie nur in der Vergangenheitsform.

[redacted]

bleiben ______	halten ______
schlafen ______	schreiben ______
rufen ______	laufen ______

? Wo willst du weiterüben? → Level 1 / → Level 2

Lange Vokale

1 Setze sechs Verben zusammen und schreibe sie auf. Du kannst Wortteile mehrmals verwenden.

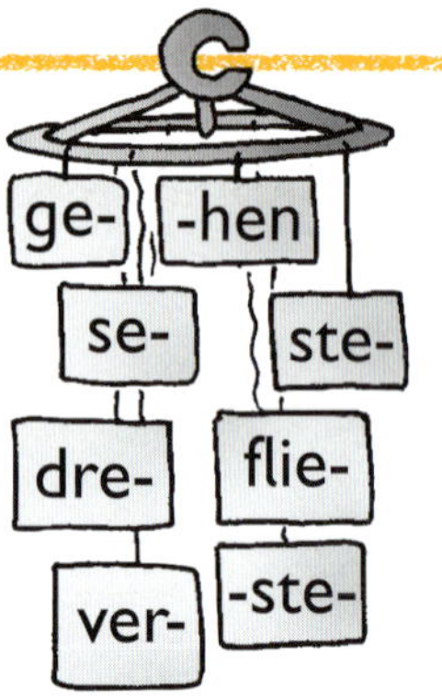

____

____

____

[redacted]

2 Setze die Wörter aus Aufgabe 1 richtig in den Text ein.

Lena ____________ zu Fuß zur Schule.

Timo ____________ ein Reh am Waldrand.

Die Tasse ____________ auf dem Regal.

Der Tänzer ____________ sich schnell.

Ich ________________ deine Antwort nicht.

Die Gazelle ____________ vor dem Tiger.

[redacted]

3 Schreibe möglichst viele Wörter zur Wortfamilie jedes Verbs auf. Denke auch an Adjektive und Präteritum-Formen.

wohnen ______________________________

fahren ______________________________

belohnen ______________________________

[redacted]

4 a) Schreibe Reimwörter auf. Umkreise das ie.

Fliege	Biene	Dieb	Tier
Z_____	Sch_____	S_____	B_____

b) Bilde zu jedem Wort ein zusammengesetztes Nomen, z. B. *Fliegenpilz*. Schreibe die Wörter mit Artikel ins Heft.

[redacted]

5 Nimm eine Tageszeitung und versuche 20 Wörter mit ie zu finden. Schreibe sie ins Heft. Du kannst die Wörter auch ausschneiden und ins Heft kleben.

6 Setze die Verben ins Präteritum. Schreibe den ganzen Text in dein Heft: *Lena fuhr …*

Lena fährt mit ihrem Fahrrad in die Stadt. Sie biegt zu schnell nach rechts ab und fällt vom Fahrrad. Ein Autofahrer hält an. Er steigt aus und ruft ihr zu: „Alles in Ordnung?" Lena nickt. Sie steigt wieder auf und fährt weiter.

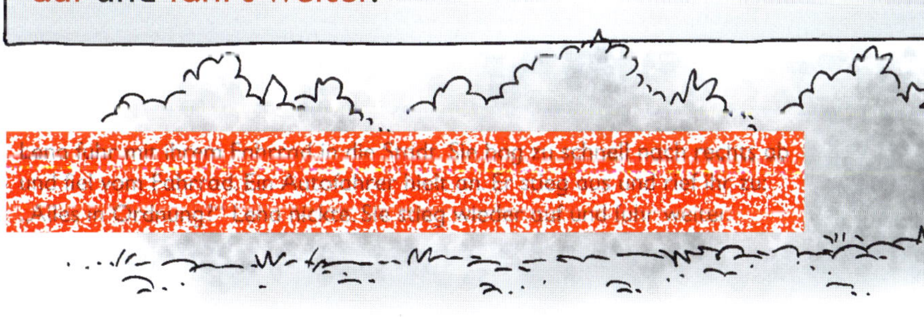

[redacted]

? Traust du dich jetzt an Level 2?

2 Lange Vokale

1 a) Trage die Wörter richtig in die Tabelle ein.
Wandle die Verben in die Grundform um.

flieht, Sieb, zierlich, liegt, lieb, Ziel
Stuhl, blüht, Truhe, steht, kühl, kahl

Nomen	Verben	Adjektive

b) Bilde einen langen Satz mit möglichst vielen dieser Wörter.

2 Ergänze die Nomen und Adjektive.

S	A	H	N	E
S	Ö	H	N	E
L				
B	Ü			
	O			

L	E	H	M
	A		
R			
K			L
	O		

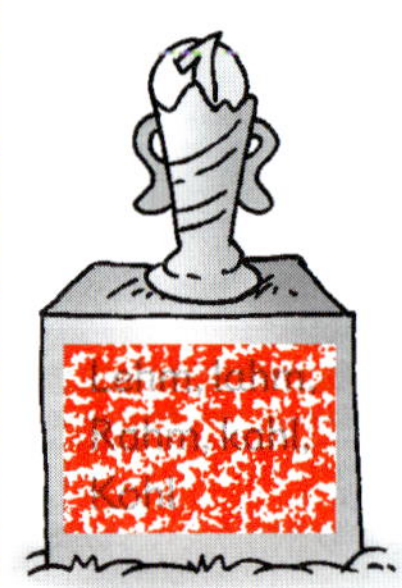

☐ Nein, ich mache weiter.

☐ Ja, ich blättere noch einmal zu Level 1.

☐ Ja, ich versuche es später nochmals.

3 Schreibe die Verben in allen Personalformen ins Heft, z. B. *ich gehe, du gehst …*

ich du er/sie wir ihr sie

lieben sehen wohnen

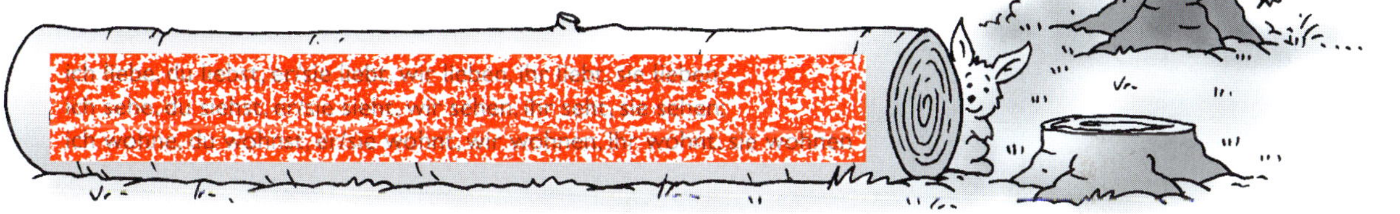

[redacted]

4 Schreibe zu jedem Nomen ein passendes Verb auf. Umkreise das ie.

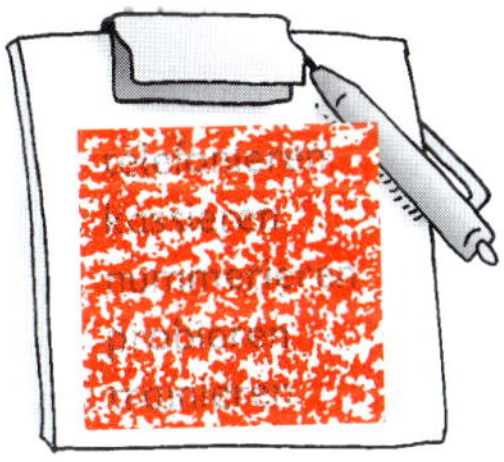

[redacted]

Notiz, Telefon, Kasse, Nummer, Probe, Training

Notiz – notieren,

5 Schreibe zu jedem Verb aus Aufgabe 4 einen passenden Satz ins Heft, z. B. *Ich notiere mir die Telefonnummer.*

[redacted]

6 Schreibe 10 Wörter mit Dehnungs-h und 10 Wörter mit ie in deine Wörterliste. Schau im Regelbuch bei Regel 8 und 9 nach. Dort erfährst du, wie du die Wörter üben kannst.

T

Test: Lange Vokale

► Lösungen: Seite 335

1 Ergänze das ie und schreibe jeweils ein Verb aus der Wortfamilie daneben. Achtung: Ein Wort hat ein kurzes i! 4

S___b ____________ Fl___ge ____________

L___ge ____________ W___ppe ____________

2 Setze die Verben in die Sätze ein. Achte auf die richtige Personalform. 3

gehen verstehen sehen

Ich ____________ dich nicht. Sprich lauter!

Thomas ____________ gern ins Kino.

Lena ____________ nachts eine Sternschnuppe.

3 Setze die Verben ins Präteritum. Benutze dabei die Personalform *er*. 4

schlafen ____________ halten ____________

rufen ____________ fliehen ____________

4 Schreibe zu jedem Nomen ein passendes Verb auf. Umkreise das ie. 4

Training ____________ Interesse ____________

Probe ____________ Studium ____________

Gesamtpunkte:

► Tabelle, Seite 338

Mach mit!

► Erfinde einen ie-Rap.
Bilde Unsinnssätze mit möglichst vielen ie-Wörtern, z. B.

Sie liegen auf der Wiese und gießen viele Riesen.

Sprich die Sätze in einem Rap-Rhythmus. Du kannst die Sätze auch im Stehen sprechen und dich dazu bewegen.

► Konfetti will zu seinem Knochen. Wie kommt er dorthin?
Folge dem Weg, auf dem nur ie-Wörter stehen.

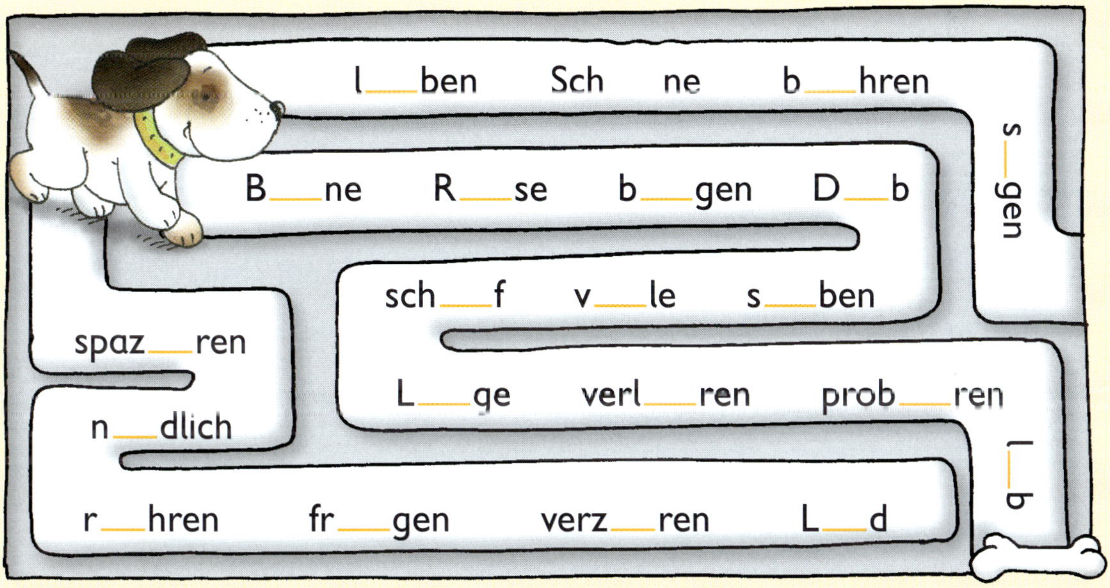

► **Rätsel**
Stellt euch gegenseitig Wörterrätsel.

Mein Wort wird mit Dehnungs-h geschrieben.
Es ist ein anderes Wort für laufen.

► Nimm verschiedene Zeitungen und Prospekte.
Schneide Wörter mit ie und Dehnungs-h aus.
Bilde damit lustige Sätze.

Kurze Vokale

1 Setze die Wörter zusammen und schreibe sie auf.
Markiere den Vokal vor ck/tz: kurz (.) oder lang (_)?

B__________ Sch__________ W__________ E__________

2 Ergänze die Regel.

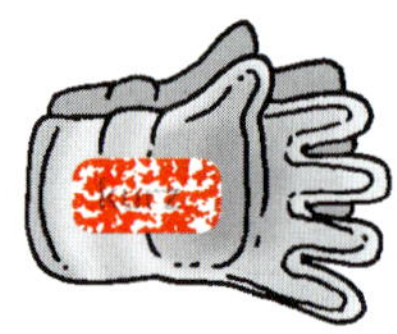

Der Vokal vor ck oder tz ist immer __________.

3 Umkreise die Wörter und schreibe sie in der Mehrzahl und mit Artikel auf.

ROCKKATZEDECKESATZSITZHECKE
STRECKEJACKEWITZMÜTZESPITZE

____

____

____

____

4 Suche in deinem Lieblingsbuch möglichst viele ck- und tz-Wörter heraus und schreibe sie ins Heft. Findest du 15?

5 a) Setze die Silben zusammen. Schreibe die Wörter auf.

[redacted]

b) Markiere die Vokale vor dem doppelten Konsonanten. Was fällt dir auf?

6 Schreibe die Personalformen zu den Verben auf.

	bitten	müssen	lassen
ich			
du			
er, sie			
wir			
ihr			
sie			

[redacted]

? Wo willst du weiterüben? → Level 1 → Level 2

Kurze Vokale

1 Schau genau. Welche Puzzleteile gehören zusammen?
Ergänze die Reimwörter.

blicken	st________
pflücken	Schn________
Decke	Br________
Lücke	b________

2 Schreibe die Wörter aus Aufgabe 1 getrennt auf.

bli-cken, ____________________

____

[redacted]

3 Findest du verwandte Wörter? Suche auch zusammengesetzte Nomen, z. B. Backofen.

backen: ____________________

erschrecken: ____________________

der Schmutz: ____________________

der Schatz: ____________________

4 Setze die Wortteile zu Wörtern zusammen und schreibe sie auf.

____

____

5 Ergänze den Text mit Wörtern aus Aufgabe 4.

Die Klasse 4a macht einen Ausflug in den Wald. Es ist warm und ______________. Die Kinder ______________ so ______________ wie möglich zu den Wildschweinen und ______________ sie. Manche Kinder ______________ auf einen Baum. Dann ______________ sich alle Kinder auf dem Spielplatz.

6 Bilde zusammengesetzte Nomen.

fallen +  = ______________

passen +  = ______________

rennen +  = ______________

treffen +  = ______________

? Traust du dich jetzt an Level 2 ?

Kurze Vokale

1 Ergänze die fehlenden Buchstaben. Lies den Text laut.

Karlo ist gespa____t auf seine Wanderung. Er hat Glü____:
Die So____e scheint. Schme____erlinge fla____ern vorbei.
Eine Spi____e kra____elt auf dem Weg, die Bienen
su____en. Plö____lich be____t Konfe____i, weil ein Hase
über das Gras ho____elt. Dabei erschre____t er ein
Eichhörnchen. Es kle____ert blitzschne____ auf den Baum.

2 Trenne die Wörter im Kopf und zähle die Silben.
Schreibe sie getrennt neben den richtigen Rucksack.

Picknickdecke, Wecker, Fackel, Schneckenhaus

2 ______________________________

3 ______________________________

4 ______________________________

☐ Nein, ich mache weiter.

☐ Ja, ich blättere zu S. 296, Aufgabe 2.

☐ Ja, ich versuche es später noch einmal.

3 Bilde lange Wörter, in denen möglichst viele Wörter mit kurzen Vokalen vorkommen. Schreibe die Wörter ins Heft, z. B. Rucksackverschluss, Katzenfutterpackung.

4 Suche verwandte Wörter zu den Wörtern auf dem Tuch. Setze sie richtig ein.

[redacted]

Die Pilze im Garten sind ______________.

Plötzlich machte es einen lauten ______________.

Das ______________ schmeckte lecker.

Die Wäsche ist fast ______________.

Der ______________ klingelt sehr laut.

5 Kannst du die Schlangensätze lesen? Die Verben sind vertauscht. Schreibe jeweils das passende Verb dahinter.

DieKatzehoppeltgerndenMilchtopfaus. ______________ [redacted]

DerriesigebrauneBärkrabbeltlaut. ______________ [redacted]

DieBienebrummtganzleiseaufderBlüte. ______________ [redacted]

DerflinkeHaseflattertüberdieWiese. ______________ [redacted]

DieSpinnesummtüberdenBoden. ______________ [redacted]

DerkleineVogelschlecktschnellvorbei. ______________ [redacted]

6 Schreibe fünf Wörter mit ck, fünf Wörter mit tz und fünf Wörter mit doppeltem Konsonanten in deine Liste. Schau im Regelbuch bei den Regeln 10, 11 und 12 nach.

T Test: Kurze Vokale

► Lösungen: Seite 335

1 Schreibe die passenden Reimwörter dazu. 4

Pfütze – M ____________ Stück – Gl ____________

schnell – F ____________ retten – w ____________

2 Schreibe die Personalformen zu den Verben auf. 6

	müssen	lassen
ich		
du		
er, sie		
wir		
ihr		
sie		

3 Setze verwandte Wörter ein. 2

Jan hat den Hauptpreis ____________ (Gewinn).

Er ist sehr ____________ (Glück).

4 Schreibe die Wörter getrennt auf: 3

Brücke Wäschetrockner Dackelfell

____

Gesamtpunkte:

► Tabelle, Seite 338

Mach mit!

▶ Kannst du das Bilderrätsel lösen?
Unter den Bildern steht, welche Buchstaben entfallen.

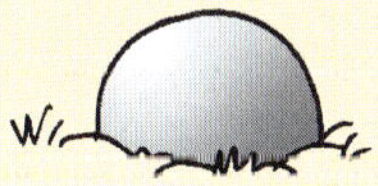

~~I~~ ~~N~~

~~B~~ ~~R~~ ~~Ü~~

~~O~~ ~~C~~ ~~K~~

~~A~~ ~~T~~ ~~T~~

~~G~~ ~~E~~ ~~L~~

~~K~~ ~~A~~ ~~E~~

Lösung: STECKER, BLITZ

Hast du Lust, selbst ein Bilderrätsel zu erfinden?

▶ Lies das Gedicht unten laut. Schreibe ein Gedicht mit dem gleichen Aufbau. Suche dir dazu vier Wörter mit kurzen Vokalen aus.

Beispiel:
Wiese
Wiese und Blumen
Blumen
Blumen und Vögel
Wiese und Blumen und Vögel
Frühling

▶ Suche dir Wörter mit kurzen Vokalen aus und verschlüssle sie mit einem Geheimcode: Gib die Stellung der Buchstaben im Alphabet an, also A = 1, B = 2, C = 3 …

Das Wort *Affe* wäre nach diesem Code 1665
Können deine Freunde die Wörter entschlüsseln?

S

Wörter mit ss/ß

1 a) Lies die Zungenbrecher so schnell wie möglich.
Wie oft kannst du sie ohne Fehler hintereinander aufsagen?

Freche Fliegen fressen fleißig frische Feigen.
Lahme Lamas lassen Luftmatratzen lieber liegen.

b) Markiere den Vokal vor dem ss. Ist er kurz oder lang?

2 Ergänze die passenden Reimwörter.

Du schenkst mir eine Nuss,
dafür bekommst du einen ______________.

Die Maus springt aus dem Fass,
der Boden wird ganz ______________.

Teile das Fleisch mit dem Messer!
Glaub mir, denn so geht es ______________.

3 Schreibe die Nomen in der Mehrzahl auf.

____

____

____

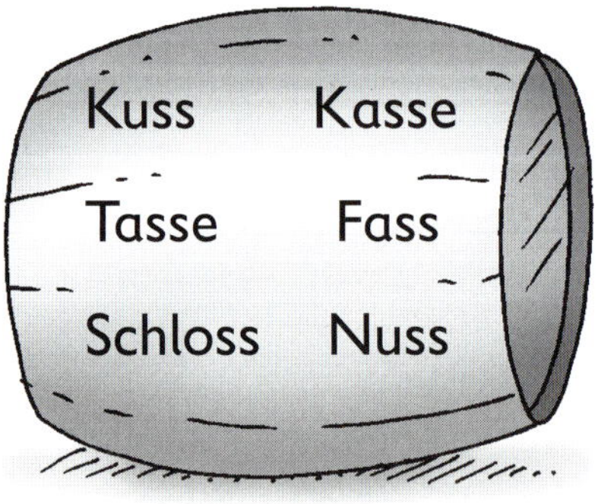

▶ Regelbuch: 14 15

4 Umkreise die Wörter mit ß auf dem Steg und schreibe sie mit Artikel auf.

NaseFloßKäseSpaßFuß
HoseStoßBesenMaßFraß

____

____

5 Lies die ß-Wörter laut und ergänze die Regel.

Vor ß steht ein __________ Vokal oder oft auch ei, eu, ie, au oder äu.

6 Kannst du die Wörter ergänzen?

Nicht faul, sondern … _ _ _ _ _ _ _

Blumen muss man _ _ _ _ _ _

Nicht innen, sondern … _ _ _ _ _

Autos fahren darauf: _ _ _ _ _ _

Gegenteil von klein: _ _ _ _

Blumen in einer Vase sind ein _ _ _ _ _ _

? Wo willst du weiterüben? → Level 1 → Level 2

1 Wörter mit ss/ß

1 Setze die Wortteile zusammen.
Schreibe die Wörter in die richtige Spalte.
Du kannst Teile mehrfach verwenden.

Nomen	Verben
Wasser	

2 Bilde zusammengesetzte Wörter zum Wort *Schloss*.
Schreibe sie mit Artikel auf.

das Schlossfenster, ______________________

____

____

3 Setze die Verben ins Präteritum.

Oli ____________ (vergessen) sein Heft zu Hause.

Lea ____________ (essen) abends Pizza.

Mein Oma ____________ (sitzen) gestern im Liegestuhl.

4 Schreibe verwandte Wörter auf. Die s-Laute werden unterschiedlich geschrieben (kurzer Vokal = ss, langer Vokal = ß).

Schuss schießen, die Schüsse, er schoss

beißen ______

Schloss ______

reißen ______

[redacted]

5 Ergänze die Wörter in der richtigen Personalform im Präsens.

Du ______ (müssen) die Tür schließen. [redacted]

Der Fußballspieler ______ (schießen) ein Tor. [redacted]

Er ______ (lassen) sich die Haare schneiden. [redacted]

Tina ______ (vergessen) oft ihr Heft in der Schule. [redacted]

Maike ______ (essen) gern Pizza. [redacted]

Ich ______ (wissen) die Antwort leider nicht. [redacted]

Frau Koch ______ (stoßen) sich den Fuß an. [redacted]

6 Schreibe eine kurze Geschichte, in der diese Wörter vorkommen: *Wasser, Floß, Spaß*. In der Geschichte sollten möglichst viele ss- und ß-Wörter vorkommen.

? Traust du dich jetzt an Level 2?

2 Wörter mit ss/ß

1 Ergänze ss oder ß.

Karlo mu____ heute zum Einkaufen. Er schlie____t die
Haustür ab und begrü____t seinen Nachbarn, der flei____ig
im Garten arbeitet. Zuerst geht Karlo in die Stadt
zum Mittage____en, weil sein Hunger gro____ ist. Er i____t
Nudeln mit So____e und einen Nu____kuchen. Au____erdem
trinkt er eine Ta____e Kaffee. Als er nach drau____en kommt,
gie____t es in Strömen. Das Wa____er flie____t die Stra____e
hinab wie ein kleiner Flu____. Karlo hat seinen Schirm
verge____en! Er wird na____ und will blo____ noch nach
Hause. Dort merkt er, da____ er seinen Schlü____el verloren
hat. Er stö____t wütend mit dem Fu____ gegen die Tür,
aber das Schlo____ geht natürlich nicht auf.
Dieser Tag ist kein Spa____!

2 Suche Adjektive mit ß im Text. Schreibe sie ins Heft und steigere sie, z. B. *heiß – heißer – am heißesten*.

☐ Nein, ich mache weiter.

☐ Ja, ich lese mir die Regeln 14 und 15 durch

☐ Ja, ich versuche es später noch einmal.

3 Ergänze die fehlenden Buchstaben. Schreibe jeweils ein passendes Verb aus der Wortfamilie dazu. Schreibe zu jedem Verb einen Satz ins Heft.

der Gru____ __________ der Fra____ __________

der Flu____ __________ das Ma____ __________

4 Ergänze die Tabelle. Achte darauf, ob du ss oder ß schreiben musst (kurzer Vokal = ss, langer Vokal = ß).

Präsens	Präteritum	Perfekt
sie gießt		hat
er beißt		hat
sie	schloss	hat
er		hat vergessen
sie weiß		hat

5 Bilde mit den Verbformen aus Aufgabe 4 Sätze wie im Beispiel. Schreibe sie ins Heft.

Er isst zum Frühstück immer Müsli.
Gestern aß Jan ein Schnitzel zum Mittagessen.
Ich habe heute schon einen Apfel gegessen.

6 Schreibe 10 Wörter mit ss und 10 Wörter mit ß in deine Wörterliste. Schau im Regelheft bei den Regeln 14 und 15 nach.

T

Test: Wörter mit ss/ß

► Lösungen: Seite 336

1 Schreibe jeweils zwei passende Reimwörter auf. [ ] 3

fressen ____________________

lassen ____________________

muss ____________________

2 Ergänze ss oder ß. [ ] 4

Schlo___	Scho___	Flu___	Fu___
Ku___	Fra___	Me___er	Pa___

3 Ergänze die passende Personalform im Präsens. [ ] 4

Tom ____________ (gießen) jeden Tag die Blumen.

Ihr ____________ (essen) zu viele Süßigkeiten.

Eva ____________ (vergessen) oft ihr Mäppchen.

Du ____________ (schließen) die Tür zu.

4 Ergänze die Tabelle. [ ] 4

Präsens	Präteritum	Perfekt
Lena		hat gegessen
Jan	goss	
sie		hat beschlossen
er weiß		

Gesamtpunkte: [ ]

► Tabelle, Seite 338

Mach mit!

► Pause die Würfelnetze auf ein Blatt Papier durch oder kopiere sie. Klebe die Würfel zusammen. Würfle immer mit allen drei Würfeln und bilde passende Sätze:
Ich aß gestern ein Eis zum Nachtisch.

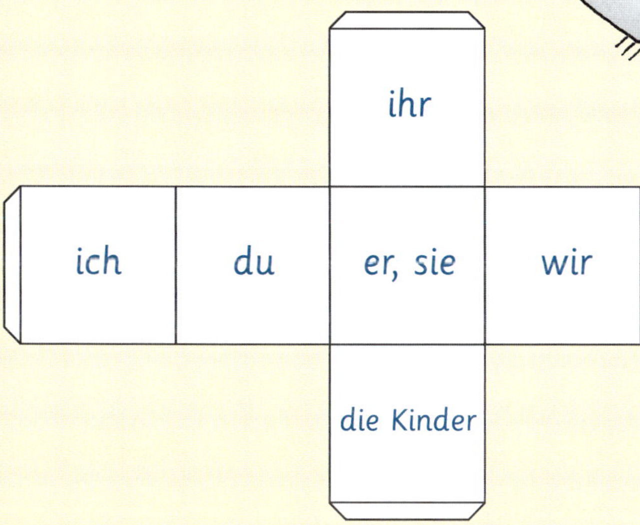

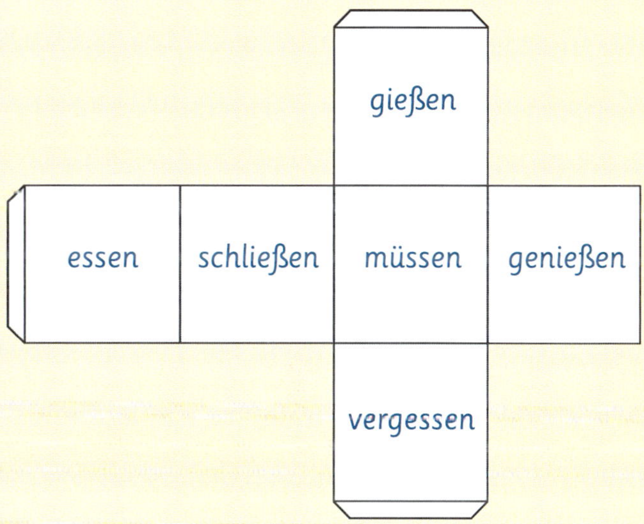

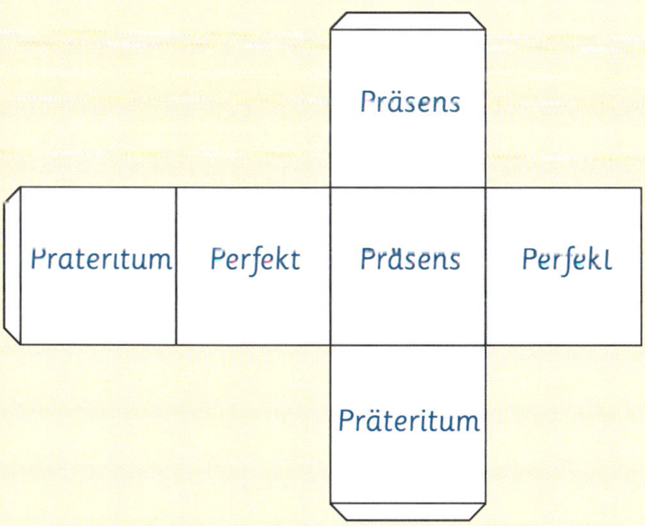

Wörter mit b/p, d/t, g/k

1 a) Schreibe die Wörter richtig auf.

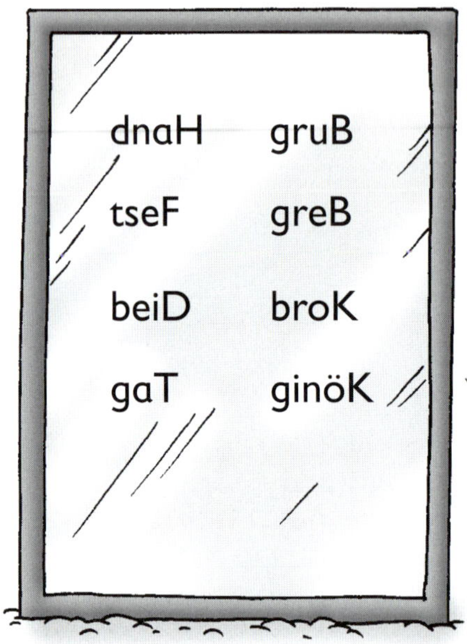

[redacted]

b) Verlängere die Nomen, indem du die Mehrzahl bildest.
Schreibe die Wörter ins Heft.

[redacted]

2 Verlängere die Adjektive, indem du sie vor ein Nomen setzt.
Ergänze dann den letzten Buchstaben.

blon__ [redacted] bun__ [redacted] wil__ [redacted] lie__ [redacted]

run__ [redacted] plum__ [redacted] lau__ [redacted]

der blonde Mann, ____

3 Schreibe die Grundform der Verben ins Heft.
Ergänze dann die Buchstaben. Regel 16 hilft dir.

schrei_t	blei_t	mer_t	to_t
lo_t	sprin_t	wie_t	hu_t

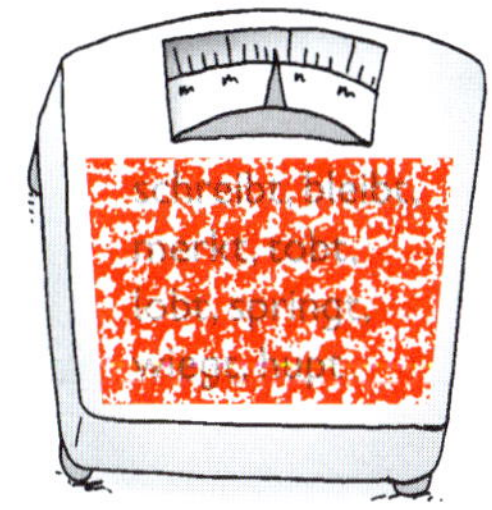

4 Setze die Verben aus Aufgabe 3 in die Sätze ein.

Kai ______ eine Karte aus dem Urlaub.

Der Lehrer ______ seine Schüler oft.

Auf dieser Waage ______ ich mehr als mein Bruder.

Die Kinder ______ auf dem Spielplatz.

Ich ______ in den Ferien zu Hause.

Konfetti ______ über die Mauer.

Kannst du dir die Wörter ______ ?

Der Autofahrer ______ laut.

5 Verlängere die Wörter im Kopf und setze g oder k ein.

? Wo willst du weiterüben? → Level 1 → Level 2

1 Wörter mit b/p, d/t, g/k

1 Ergänze passende Reimwörter.

2 Versuche mit den Wörtern aus Aufgabe 1 lustige Reime zu bilden. Schreibe die Reime ins Heft.

3 Verlängere die Adjektive, indem du die 1. Vergleichsstufe bildest. Trage dann die fehlenden Buchstaben ein.
Vier Adjektive haben die gleiche Endung. Was fällt dir auf?

fleißi g – fleißiger

gesun__ – ____________

vorsichti__ – ____________

steini__ – ____________

neugieri__ – ____________

kal__ – ____________

4 Ergänze. Trage die Wörter und die verlängerten Formen ein.

rau__t, klin__t, schwan__t, kle__t, schie__t

Schil__, Freun__, Wor__, Ran__, Hu__

Nomen	Verben
Schild – Schilder	*raubt – rauben*

[redacted]

5 Ergänze die fehlenden Buchstaben in den Sätzen.

Am Samsta__ gehen Jan und sein Vater auf den Mar__t. [redacted]

Jans Vater hat viel Gel__ dabei, hunder__ Euro. Weil Jan [redacted]

fleißi__ in der Schule war und viel geü__t hat, darf er sich [redacted]

ein Geschen__ aussuchen. Jan blei__t noch in der Stadt und [redacted]

trifft sich mit seinem Freun__ Paul. Auf dem Heimwe__ hat [redacted]

sein Fahrra__ einen Platten. Jan schie__t es nach Hause. [redacted]

? Traust du dich jetzt an Level 2 ?

2 Wörter mit b/p, d/t, g/k

1 Trage die richtigen Buchstaben im Text ein.

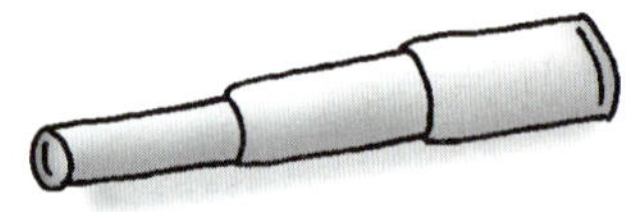

Jan schau__ of__ durch sein Fernrohr. So erkenn__ er jeden Gegenstan__, der wei__ entfern__ ist. Er sieh__ auch den Mon__. Jan bemer__t, dass der Mon__ nicht run__ ist, sondern zerklüfte__, mit Ber__en und Kra__ern. Das finde__ er sehr spannen__. Er bleibt oft aben__s länger auf, um die Sterne und Plane__en zu beobach__en.

2 Ergänze die Wörter im Gras. Verlängere zuerst und trage die verlängerten Wörter in die passende Steinreihe ein. Achtung: Bei einem Nomen kannst du keine Mehrzahl bilden!

Ta g Ber__ star__ Zwer__

(er) pie__t Kor__ Lo__ (er) blei__t

☐ Nein, ich mache weiter.

☐ Ja, ich blättere noch einmal zu Seite 313.

☐ Ja, ich versuche es später wieder.

3 Schreibe die Sätze zuerst in der Mehrzahl auf.
Ergänze dann die fehlenden Buchstaben.

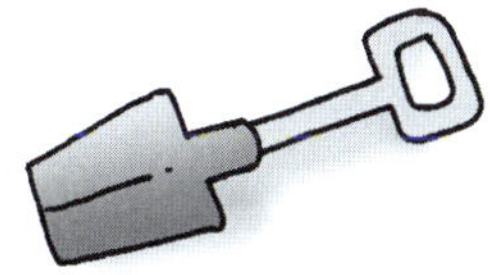

Das Kin_d_ to_b_t. — Die Kinder toben.

Der Zwer__ grä__t. — ______

Das Pfer__ sprin__t. — ______

Das Flugzeu__ flie__t. — ______

Das Schil__ schwan__t. — ______

[redacted]

4 Setze die Verben ins Perfekt, dann wird aus den Sätzen ein Gedicht: Heute habe ich in der Schule sehr getobt …

[redacted]

5 Schreibe 15 Wörter mit b/p, d/t, g/k in deine Wörterliste.
Schau im Regelheft bei Regel 16 nach.

T

Test: Wörter mit b/p, d/t, g/k

► Lösungen: Seite 336

1 Ergänze die Verben und schreibe die passende Grundform dazu. ☐ 4

er grä__t ____________ sie sprin__t ____________

sie bemer__t ____________ er blei__t ____________

2 Vervollständige die Sätze mit den Verben aus Aufgabe 1. ☐ 4

Habt ihr nicht ____________, dass ich geklopft habe?

Der Gärtner ____________ ein großes Loch im Garten.

Du ____________ heute am besten zu Hause.

Lena ____________ von einem großen Felsen ins Wasser.

3 Ergänze und suche zu jedem Adjektiv ein passendes Nomen. ☐ 3

riesi__ – ______________________

kran__ – ______________________

wolki__ – ______________________

4 Ergänze die Buchstaben im Text. ☐ 4

Am Monta__ blei__t Leo zu Hause. Er ist kran__. Leo ist es langweili__. Deshalb holt er einen Stif__ aus seinem Schran__ und schrei__t einen Brief an seinen Freun__.

Gesamtpunkte: ☐

► Tabelle, Seite 338

Mach mit!

► Verbinde die Wörter nach dem Alphabet.
Was siehst du dann?

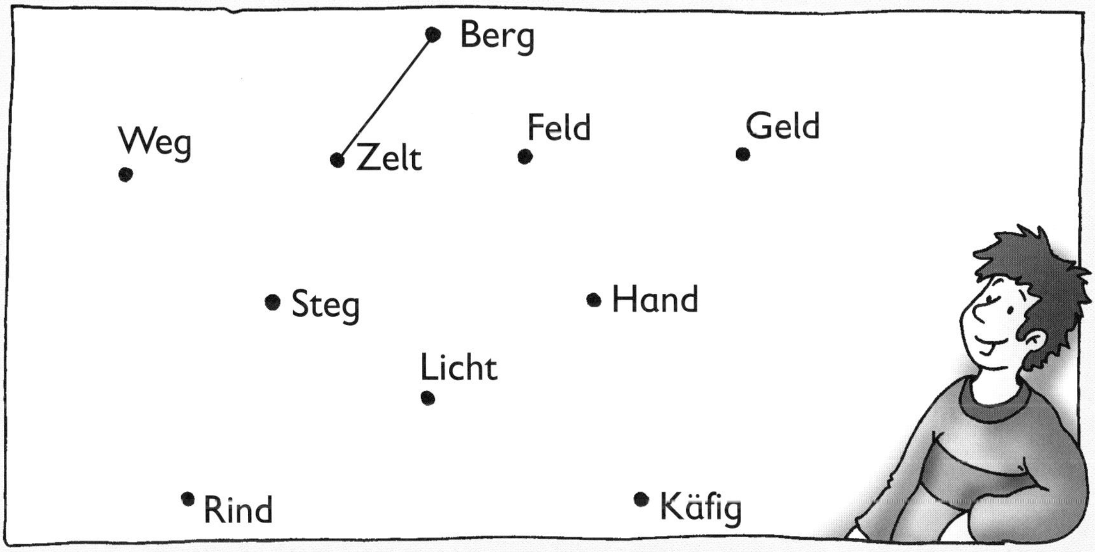

Lösungsbild: Stern

► In welchem Sack ist der Buchstabe d öfter als der Buchstabe t zu sehen? Schätze zuerst und zähle dann.

Lösung: linker Sack

► Welche Wörter findest du hier? Umkreise sie.

Lösung: Kind, krank, hupen, lieb, Hand, toben

Satzglieder

1 a) Umkreise in jedem Satz die Satzglieder. Regeln 17, 18 und 19 helfen dir. Unterstreiche das Subjekt in jedem Satz.

(Konfetti) (schnüffelt) an einer Blume.

Meine kleine Schwester spielt.

Ich gehe mit meinen Freunden ins Kino.

b) Welcher der Sätze hat die wenigsten Satzglieder?

[redacted]

2 a) Bilde aus den Satzgliedern so viele Aussagesätze wie möglich. Schreibe sie ins Heft. Unterstreiche in jedem Satz das Prädikat.

oft	im Sommer	gehen
mein Bruder und ich	ins Freibad	

[redacted]

b) Was fällt dir auf? Ergänze die Regel.

Das Prädikat steht in einem Aussagesatz

immer an ______________ Stelle.

▸ Regelbuch: 17 18 19

[redacted]

3 a) Schreibe ein passendes Verb unter jedes Kind.

Lena

Timo

Nick

Julia

lacht ______ ______ ______

b) Schreibe zu jedem Kind einen Satz mit mehreren Satzgliedern auf. Unterstreiche jeweils das Prädikat, z. B. Lena lacht über einen Witz.

4 Karlo hat heute viel zu tun. Wähle jeweils ein passendes Verb und ergänze die Sätze.

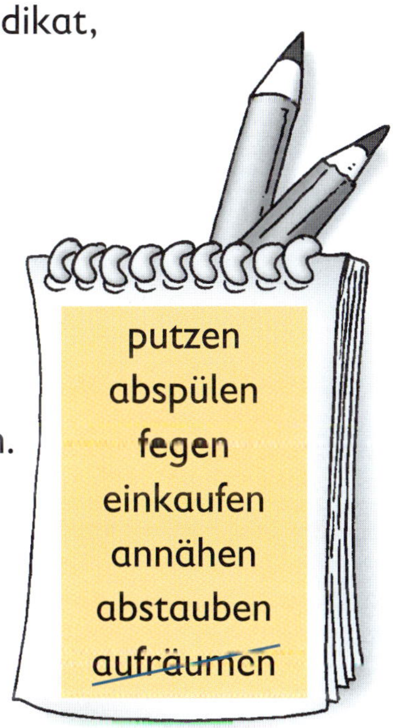

Karlo räumt seinen Schreibtisch auf.

Dann ______ er den Boden mit einem Besen.

Danach ______ er das Geschirr ___.

Nun ______ Karlo seine Badewanne.

Jetzt ______ er einen Knopf ___.

Dann ______ Karlo Wurst und Käse ___.

Zum Schluss ______ er das Regal ___.

[redacted]

? Wo willst du weiterüben? → Level 1 → Level 2

Satzglieder

1 Was macht Karlo auf dem Sportplatz? Bilde vier sinnvolle Aussagesätze mit den Satzgliedern. Unterstreiche jeweils das Subjekt blau und das Prädikat rot.

[redacted]

2 Erfinde selbst fünf Sätze mit möglichst vielen Satzgliedern. Schreibe sie ins Heft. Unterstreiche in jedem Satz das Subjekt blau und das Prädikat rot.

3 a) Unterstreiche die zweiteiligen Prädikate. Schreibe jeweils die Grundform daneben.

Karlo schließt die Haustür zu. – zuschließen

Silvia schaltet das Licht an. – ______

Marko zündet die Kerzen an. – ______

Er schneidet die Schnur ab. – ______

[redacted]

b) Schreibe eigene Sätze mit den Prädikaten aus a) ins Heft.

4 a) Hier sind die Subjekte durcheinandergekommen. Kannst du die Sätze richtig ins Heft schreiben?

Frau Müller kriecht über die Straße.

Der Hund reinigt den Kamin.

Die Schnecke geht zum Einkaufen.

Der Schornsteinfeger bellt laut.

b) Denke dir lustige Sätze aus, in denen die Prädikate vertauscht sind, z. B. *Meine Oma schnüffelt gern Äpfel.* Schreibe die Sätze ins Heft und lies sie jemandem vor.

5 Ergänze die Akkusativ-Objekte. Regel 20 hilft dir.

Ich esse jeden Tag ____________. [redacted]

Mark malt ____________. [redacted]

Karlo trinkt ____________. [redacted]

Meine Oma strickt ____________. [redacted]

6 Unterstreiche jeweils das Dativ-Objekt. Regel 21 hilft dir.

Nico leiht seinem Freund Buntstifte aus.

Meine Mutter erzählt mir abends Geschichten.

Er schenkt Michael ein Buch zum Geburtstag.

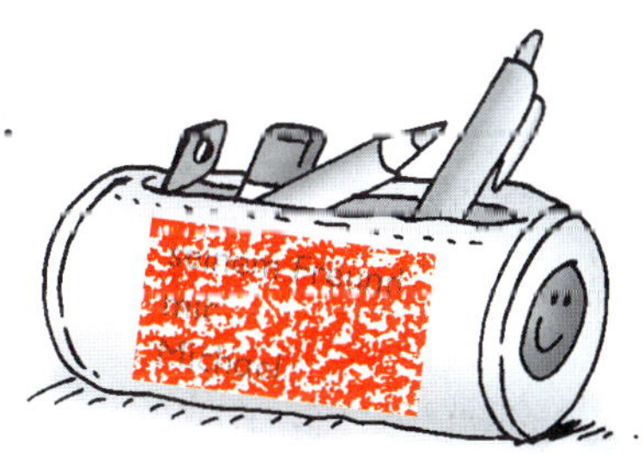

? Traust du dich jetzt an Level 2 ?

2 Satzglieder

1 Unterstreiche die Satzglieder: Subjekt = blau, Prädikat = rot, Akkusativ-Objekt = grün, Dativ-Objekt = gelb. Zeit- und Ortsangaben (z. B. *gestern*) musst du nicht unterstreichen.

Karlo und Konfetti spielen im Park.

Gestern schenkte ihm Caroline einen Stift.

Oft erzählt Jule ihrer Oma Geschichten.

Ich habe einen leckeren Kuchen gegessen.

Stundenlang hört mir meine Oma zu.

[redacted]

2 Stelle diese Sätze so um, dass sie nicht mit *ich* beginnen. Schreibe die Sätze ins Heft. Umkreise die Satzglieder.

Ich gehe am Wochenende ins Kino.

Ich stelle die Kerzen auf den Tisch.

Ich lese abends oft in meinem Lieblingsbuch.

[redacted]

- ☐ Nein, ich mache weiter.
- ☐ Ja, ich blättere noch einmal zu Level 1.
- ☐ Ja, ich versuche es später nochmals.

3 Lies die Schlangensätze. Mache einen Strich zwischen die einzelnen Satzglieder und unterstreiche sie in den gleichen Farben wie in Aufgabe 1.

Heute|schenktemirdasMädcheneinenApfel.

OftleihtihmTimseineTascheaus.

GesternhatmeinBruderOliLimonadegetrunken.

InderStadthatmeineMutterBlumengekauft.

LetzteWochehatLenaNikoeinBuchgeliehen.

[illegible]

4 Bilde jeweils zwei Sätze, die aus den angegebenen Satzgliedern bestehen. Schreibe ins Heft.

a) Subjekt + Prädikat
b) Subjekt + zweiteiliges Prädikat
c) Subjekt + Prädikat + Akkusativ-Objekt
d) Subjekt + Prädikat + Dativ-Objekt + Akkusativ-Objekt

5 Mache den Satz immer länger. Wie viele Satzglieder schaffst du? Schreibe den Satz ins Heft.

Ich gehe.
Ich gehe oft.
Ich gehe oft …

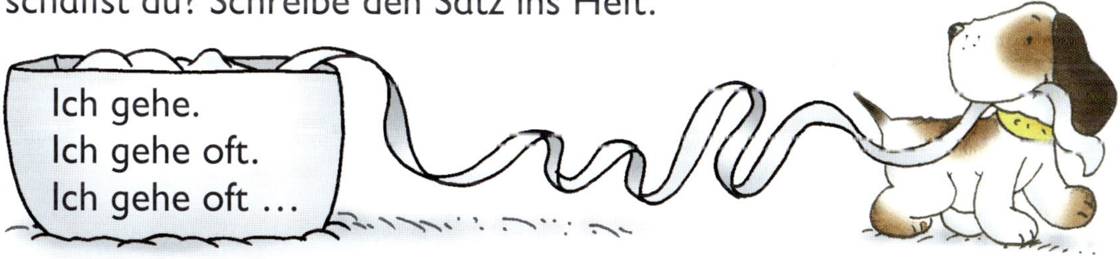

6 Schreibe ein paar Sätze aus deinem Lieblingsbuch ab. Versuche darin Subjekt, Prädikat und Objekte zu bestimmen.

T

Test: Satzglieder

► Lösungen: Seite 337

1 a) Kreise die Satzglieder ein. | 3

Ich kaufe heute in der Stadt ein Buch für meine Schwester.

b) Stelle die Satzglieder um. Schreibe vier unterschiedliche Aussagesätze auf.

____

____ | 4

____

____

____

____

2 Kennzeichne falsche Sätze mit f und richtige mit r. | 2

- ☐ Nach dem Dativ-Objekt fragst du mit *Wen oder Was?*
- ☐ Nach dem Akkusativ-Objekt fragst du mit *Wen oder Was?*
- ☐ Das Prädikat steht immer an zweiter Stelle.
- ☐ Nach dem Subjekt fragst du mit *Wer oder Was?*

3 Unterstreiche: Subjekt = blau, Prädikat = rot, Akkusativ-Objekt = grün und Dativ-Objekt = gelb. | 6

Gestern schenkte mir meine Mutter ein Buch.
Am Samstag haben die beiden Freunde den Zaun gestrichen.
Abends erzählt sie ihm eine spannende Geschichte.

Gesamtpunkte: ☐

► Tabelle, Seite 338

Mach mit!

► Mini-Geschichte

Schreibe vier Sätze zu einem Thema auf.
Jeder Satz besteht nur aus Subjekt und Prädikat.
Suche auch noch eine passende Überschrift.
Lies deine Geschichte deinen Freunden vor.

Ich zaubere.
Mein Hund schläft.
Ich pfeife.
Mein Hund springt.

► Schreibe Unsinnssätze auf,
z. B. *Mein Schwein trinkt einen Pullover.*

Mein Schwein	kauft	einen Pullover.
Der Lehrer	singt	ein Bild.
Die Katze	trinkt	eine Birne.
Meine Oma	isst	einen Baum.
Der Jäger	kratzt	eine Kuh.

► Was-ich-mag-Gedicht

Schreibe ein *Was-ich-mag*-Gedicht. Ergänze die Satze mit mindestens drei weiteren Satzgliedern.

Was ich mag

Ich mag es,
wenn ______________________________.
Ich mag es,
wenn ______________________________.
Ich mag es,
wenn ______________________________.

S

Satzarten / Wörtliche Rede

1 a) Ergänze die passenden Satzzeichen . ? ! .

b) Wie heißen die Satzarten, die diese Kinder verwenden? Regel 22 hilft dir. Ergänze jeweils den passenden Begriff.

Eva ______________________ Uli ______________________

Tim ______________________ Lea ______________________

[redacted]

2 Erfinde selbst einen Aussagesatz, einen Fragesatz, einen Ausrufesatz und einen Aufforderungssatz. Schreibe die Sätze ins Heft.

3 Schreibe zum Bild fünf passende Aussagesätze. Benutze Präpositionen, z. B. auf/unter/vor/neben …

4 Stelle jemandem Fragen zu seinem Hobby. Schreibe passende Fragen auf. Die Fragewörter *Warum? Wo? Wer? Wann? Wie oft?* helfen dir.

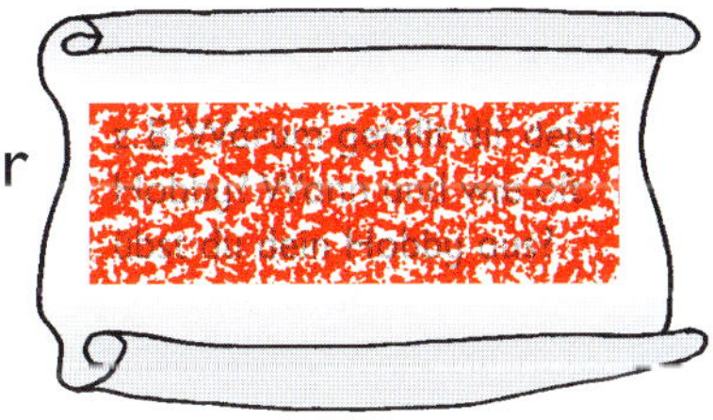

5 Schreibe passende Sätze in die Sprechblasen:

? Wo willst du weiterüben? → Level 1 → Level 2

Satzarten/wörtliche Rede

1 Bilde jeweils aus den Satzgliedern einen Aussagesatz und einen Fragesatz.

oft	Jan	ins Kino	geht

[redacted]

essen	Schokolade	gern	sie

[redacted]

2 Bilde einen Ausrufesatz. Unterstreiche das Prädikat. Wo steht das Prädikat bei einem Ausrufesatz?

[redacted]

den Stift	mir	geben

____

3 Schreibe die Sätze aus den Sprechblasen mit den Zeichen der wörtlichen Rede auf. Regel 23 hilft dir.

[redacted]

Karlo ruft : „Mach ______________________________

Er fragt ______________________________

Karlo erklärt ______________________________

4 a) Unterstreiche den Aussagesatz mit Rot, den Fragesatz mit Grün, den Ausrufesatz mit Blau.

Er schreit___Achtung, ein Auto kommt___

Der Mann fragt___Wie komme ich zum Bahnhof___

Nina antwortet___Sie müssen geradeaus laufen___

b) Ergänze die fehlenden Satzzeichen.

[illegible]

5 a) Male deinen Freund oder deine Freundin mit drei Sprechblasen auf ein Blatt Papier. Schreibe einen Aussage-, einen Frage- und einen Ausrufesatz in die Sprechblasen.

b) Schreibe die Sätze mit Begleitsatz auf wie in Aufgabe 4, z. B. *Timo fragt: „Wie spät ist es?“ …*

6 Gib den Personen Namen. Schreibe ein Gespräch ins Heft, z. B. *Lena ruft: „Hallo Tom!“*
Tom fragt …

? Traust du dich jetzt an Level 2 ?

2 Satzarten/wörtliche Rede

1 a) Lies den Text. Setze die fehlenden Satzzeichen ein.

Auf dem Spielplatz schreit Tim: „Wo ist mein Bagger___

Sarah antwortet___ Er liegt hinter der Rutsche___

Glücklich ruft Tim___ Vielen Dank___

Oli schaukelt schon seit einer Stunde___

___ Lass mich mal schaukeln___ fordert ihn Jens auf.

Oli antwortet___ Dann gehe ich jetzt zur Rutsche___

Plötzlich schreit Olis Mama___ Komm jetzt, wir müssen

nach Hause___

b) Unterstreiche Aussagesätze mit Rot, Fragesätze mit Grün, Ausrufesätze mit Blau.

- ☐ Nein, ich mache weiter.
- ☐ Ja, ich lese mir Regel 23 nochmals durch.
- ☐ Ja, ich blättere zurück zu S. 329, Aufgabe 4

2 Welche Wörter statt *sagen* kannst du noch benutzen? Schreibe so viele wie möglich auf.

___

___

___

3 Ergänze passende Wörter aus dem Wortfeld *sagen* und die fehlenden Zeichen.

Die Mutter *fragt: „*Hat jemand angerufen *?“*

Die Frau ____________ laut ___ Hilfe ___

Lara ____________ Leihst du mir deinen Stift ___

Er ____________ Du kannst meinen Stift nehmen ___

Ralf __________ Jemand hat mein Fahrrad gestohlen ___

4 Schreibe im Heft die Sätze aus Aufgabe 3 so um, dass der Begleitsatz hinter der wörtlichen Rede steht. Regel 23 hilft dir.
Z. B. *„Hat jemand angerufen?“, fragt die Mutter.*

5 Schreibe passende Gespräche in dein Heft,
z. B. *Frau Maier schimpft: „Was hast du denn gemacht?“*

T

Test: Satzarten/wörtliche Rede

► Lösungen: Seite 337

1 Ergänze die passenden Satzzeichen. Schreibe auf, um welche Satzart es sich handelt.

4

Gehst du mit mir ins Kino ☐ ________________

Lass mich in Ruhe ☐ ________________

Ich lese ein Buch ☐ ________________

So eine Hitze ☐ ________________

2 a) Ergänze die Satzzeichen der wörtlichen Rede.

3

b) Unterstreiche den Aussagesatz mit Rot, den Fragesatz mit Grün, den Ausrufesatz mit Blau.

3

Der Lehrer fragt___Wer weiß das Ergebnis?__

Timo antwortet___Das Ergebnis der Aufgabe ist 52.__

Jonas ruft___Pass auf!__

3 Trage die fehlenden Zeichen ein.

5

Lisa stöhnt___So eine schwierige Aufgabe___ Kannst du mir helfen___

Ali antwortet ihr___Ich erkläre dir die Aufgabe___

Lisa ruft___Vielen Dank___ Wie kann ich mich nur bei dir bedanken___

Ali meint___Dafür kannst du mir bei den Englischvokabeln helfen___

Gesamtpunkte:

► Tabelle, Seite 338

Mach mit!

► Schreibe zu jedem Bild einen Witz. Benutze die Sätze aus den Sprechblasen, z. B. *In der ersten Stunde fragt der Lehrer Jens: „Sag mal … .*

► **Spiel: Mach mit!**
Für dieses Spiel brauchst du einen Partner und mehrere Zettel. Schreibt auf jeden Zettel einen Aufforderungssatz, z. B. *Hüpfe zehnmal auf einem Bein! Mach das Fenster auf …*
Ein Spieler zieht einen Zettel und führt aus, was auf dem Zettel steht. Dann ist der andere Spieler an der Reihe.

Lösungen zu den Tests

Seite 268: Nomen

1. die Schlüsselblumen, die Haustüren, die Teekannen, die Apfelbäume, die Schaukelpferde …

2. Du erhältst für jedes Nomen einen halben Punkt:
Heute machen Tina und Ralf einen Ausflug.
Es ist schönes Wetter. Sie fahren mit dem Fahrrad zum See.
Danach gehen sie in die Stadt und essen ein Eis.
Abends schauen sie im Kino einen spannenden Film an.

3. die Heiterkeit, die Frechheit, die Untersuchung, die Gemeinheit, die Umleitung

Seite 276: Verben

1. Du erhältst für jede Personalform einen halben Punkt:
ich kann; du kannst; er, sie kann;
wir können; ihr könnt; sie können

2. fahren: z. B. abfahren, wegfahren, vorfahren …
schicken: z. B. abschicken, wegschicken, verschicken …
singen: z. B. vorsingen, (sich) versingen, besingen …
suchen: z. B. versuchen, besuchen, aussuchen …

3. Du erhältst für jede Personalform einen halben Punkt:

Präsens	Präteritum	Perfekt
ich schieße	schoss	habe geschossen
sie singt	sang	hat gesungen
er schreibt	schrieb	hat geschrieben
wir vergessen	vergaßen	haben vergessen
ihr esst	aßt	habt gegessen

4. Präteritum: Ich schlief gut.
Perfekt: Du bist in die Schule gegangen.
Präteritum: Wir riefen laut um Hilfe.

Seite 284: Adjektive

1. täglich, mutig, gefährlich, sonnig
2. Du erhältst für jede Vergleichsform einen halben Punkt:

Grundform	1. Vergleichsstufe	2. Vergleichsstufe
hoch	höher	am höchsten
schwer	schwerer	am schwersten
lang	länger	am längsten
gut	besser	am besten

3. blitzschnell, messerscharf, zitronengelb
4. Du erhältst für jedes Adjektiv einen halben Punkt:
   schönen, neuen, kleinen, lange, leckere, roten, saftige, riesiges

Seite 292: Lange Vokale

1. Sieb – sieben, Fliege – fliegen, Liege – liegen, Wippe – wippen (= kurzes i)
2. Ich verstehe dich nicht. Sprich lauter! Thomas geht gern ins Kino.
   Lena sieht nachts eine Sternschnuppe.
3. er schlief, er hielt, er rief, er floh
4. trainieren, interessieren, probieren, studieren

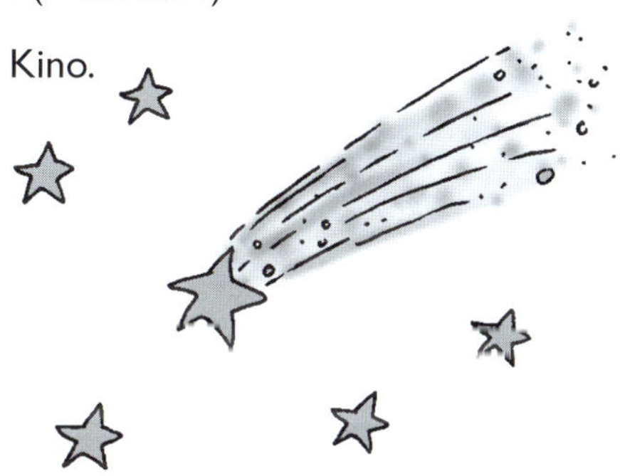

Seite 300: Kurze Vokale

1. Pfütze – Mütze, Stück – Glück, schnell – Fell, retten – wetten
2. Du erhältst für jede Personalform einen halben Punkt:

	müssen	lassen
ich	muss	lasse
du	musst	lässt
er/sie	muss	lasst
wir	müssen	lassen
ihr	müsst	lasst
sie	müssen	lassen

3. Jan hat den Hauptpreis gewonnen. Er ist sehr glücklich.
4. Brü-cke, Wä-sche-trock-ner, Da-ckel-fell

Lösungen zu den Tests

Seite 308: Wörter mit ss/ß

1. Du erhältst für jedes Reimwort einen halben Punkt:
   z. B. fressen – essen – messen
   lassen – passen – fassen
   muss – Kuss – Nuss

2. Du erhältst für jedes Wort einen halben Punkt:
   Schloss, Schoß, Fluss, Fuß, Kuss, Fraß, Messer, Pass

3. Tom gießt jeden Tag die Blumen.
   Ihr esst zu viele Süßigkeiten.
   Eva vergisst oft ihr Mäppchen.
   Du schließt die Tür zu.

4. Du erhältst für jede Personalform einen halben Punkt:

Präsens	Präteritum	Perfekt
Lena isst	aß	hat gegessen
Jan gießt	goss	hat gegossen
sie beschließt	beschloss	hat beschlossen
er weiß	wusste	hat gewusst

Seite 316: Wörter mit b/p, d/t, g/k

1. er gräbt – graben, sie springt – springen,
   sie bemerkt – bemerken, er bleibt – bleiben

2. Habt ihr nicht bemerkt, dass ich geklopft habe?
   Der Gärtner gräbt ein großes Loch im Garten.
   Du bleibst heute am besten zu Hause.
   Lena springt von einem großen Felsen ins Wasser.

3. riesig – der Riese
   krank – die Krankheit
   wolkig – die Wolke

4. Für jedes richtig ergänzte Wort erhältst du einen halben Punkt:
   Am Montag bleibt Leo zu Hause. Er ist krank. Leo ist es langweilig.
   Deshalb holt er einen Stift aus seinem Schrank und schreibt
   einen Brief an seinen Freund.

Seite 324: Satzglieder

1. a) Für jedes richtig markierte Satzglied darfst du dir einen halben Punkt geben:
   Ich kaufe heute in der Stadt ein Buch für meine Schwester.

   b) z. B. Für meine Schwester kaufe ich heute ein Buch in der Stadt.
   Ein Buch kaufe ich heute in der Stadt für meine Schwester.
   Heute kaufe ich für meine Schwester ein Buch in der Stadt.
   In der Stadt kaufe ich heute für meine Schwester ein Buch.

2. Für jede richtige Kennzeichnung erhältst du einen halben Punkt:
   f Nach dem Dativ-Objekt fragst du mit *Wen oder Was?*
   r Nach dem Akkusativ-Objekt fragst du mit *Wen oder Was?*
   r Das Prädikat steht immer an zweiter Stelle.
   r Nach dem Subjekt fragst du mit *Wer oder Was?*

3. Für jedes richtig markierte Satzglied erhältst du einen halben Punkt:
   Gestern schenkte mir meine Mutter ein Buch.
   Am Samstag haben die beiden Freunde den Zaun gestrichen.
   Abends erzählt sie ihm eine spannende Geschichte.

Seite 332: Satzarten

1. Gehst du mit mir ins Kino? – Fragesatz
   Lass mich in Ruhe! – Aufforderungssatz
   Ich lese ein Buch. – Aussagesatz
   So eine Hitze! – Ausrufesatz

2. a) Du erhältst einen Punkt, wenn alle Redezeichen in einem Satz komplett sind.
   b) Du erhältst für jede richtige Unterstreichung einen Punkt.
   Der Lehrer fragt: „Wer weiß das Ergebnis?"
   Timo antwortet: „Das Ergebnis der Aufgabe ist 52."
   Jonas ruft: „Pass auf!"

3. Du erhältst für jede richtig gefüllte Lücke einen halben Punkt:
   Lisa stöhnt: „So eine schwierige Aufgabe! Kannst du mir helfen?"
   Ali antwortet ihr: „Ich erkläre dir die Aufgabe."
   Lisa ruft: „Vielen Dank! Wie kann ich mich nur bei dir bedanken?"
   Ali meint: „Dafür kannst du mir bei den Englischvokabeln helfen."

Beobachte deine Lernfortschritte

Hier kannst du deine Testergebnisse eintragen.
Ziehe nach jedem Test einen Querstrich bei deiner Punktzahl.
Male dann den Balken nach unten farbig aus.

	Nomen	Verben	Adjektive	Lange Vokale	Kurze Vokale	Wörter mit ss/ß	Wörter mit b/p, d/t, g/k	Satzglieder	Satzarten/ wörtliche Rede
15									
14									
13									
12									
11									
10									
9									
8									
7									
6									
5									
4									
3									
2									
1									

0–5 Punkte:
Du solltest das Thema noch mehr üben.
Die Lern-Detektive® bieten noch viele weitere Hefte an.
Informiere dich z. B. unter www.ravensburger.de.

6–11 Punkte:
Du hast gut geübt.
Die nächste Klassenarbeit kann kommen.

12–15 Punkte:
Das Üben hat sich richtig gelohnt.
Du hast auch knifflige Aufgaben geschafft. Sehr gut!

Wichtige Begriffe

Begriff	So kannst du auch sagen	Beispiel
Vokal	Selbstlaut	a, e, i, o, u
Konsonant	Mitlaut	b, c, d, f
Nomen	Hauptwort, Substantiv	Ball, Kind, Hund, Baum
Bestimmter Artikel	Bestimmter Begleiter	der, die, das
Unbestimmter Artikel	Unbestimmter Begleiter	ein, eine
Einzahl	Singular	Ball
Mehrzahl	Plural	Bälle
Pronomen	Fürwort: steht für ein Nomen	Der Hund bellt. – Er bellt.
Verb	Zeitwort, Tunwort	lachen, fahren, blühen
Grundform	Infinitiv	lernen
Personalform	Flektierte Form	ich lerne, du lernst, wir lernen
Präsens	Gegenwart	ich lerne
Präteritum	einfache Vergangenheit, Imperfekt	ich lernte
Perfekt	zusammengesetzte Vergangenheit	ich habe gelernt
Adjektiv/Grundstufe	Eigenschaftswort, Wiewort	groß, lustig, fröhlich
1. Vergleichsstufe 2. Vergleichsstufe	Komparativ, Höherstufe Superlativ, Höchststufe	größer am größten
Satzglied	Satzteil	Lisa spielt.
Subjekt	Satzgegenstand	Lisa
Prädikat	Satzaussage	spielt
Wortfamilie/ Wortstamm	Alle Wörter mit gleichem Wortstamm, z. B. -SPIEL- gehören zu einer Wortfamilie.	spielen, Spielplatz, verspielt, spielerisch

So übst du mit dem Regelbuch

Bevor du mit dem Üben beginnst,
bastle dir dein eigenes Regelbuch.

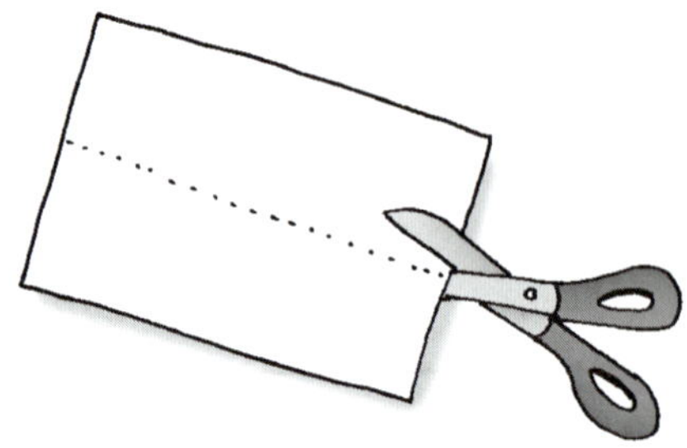

So geht's:

1. Schneide die folgenden Seiten entlang der gestrichelten Linien auseinander.

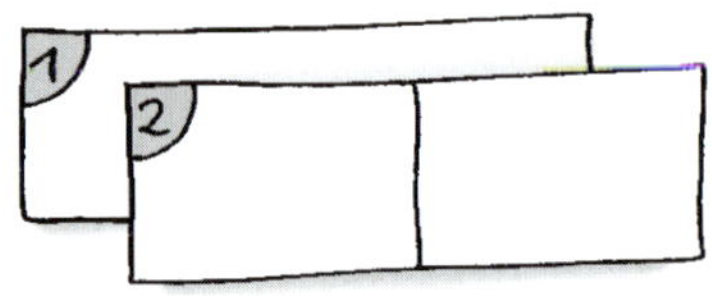

2. Ordne die Papierstreifen:
   Beginne mit Regel 1 und lege nacheinander Regel 2 bis 12 aufeinander.
   Achte auf die Zahlen links oben in der Ecke.

3. Lege die Streifen genau aufeinander und falte sie sorgfältig in der Mitte zusammen.

4. Nun musst du nur noch einen Bindfaden in die Falze der Mitte legen und die Enden miteinander verknoten. Fertig!

So kannst du mit dem Regelbuch üben:

1. Lies dir die Regel auf der linken Seite genau durch.

2. Sieh dir das Beispiel darunter an. Hast du es verstanden?

3. Teste die Regel mit der grünen Aufgabe:
   a) Ergänze die Lücken im Regelbuch sauber.
   b) Bearbeite den Tipp, wie du die Lernwörter üben kannst, in deinem Übungsheft.

Regelbuch zu Lernprofi Deutsch, 4. Klasse

4. Klasse

Deutsch

Regelbuch

23

Wörtliche Rede

Die wörtliche Rede wird mit Anführungszeichen gekennzeichnet. Der Begleitsatz kann vor oder nach der wörtlichen Rede stehen.

A: Begleitsatz vor der wörtlichen Rede

Jan fragte: „Wie geht es dir?“
Tina antwortete: „Danke, gut.“

B: Begleitsatz nach der wörtlichen Rede

„Wie geht es dir?“, fragte Jan.
„Danke, gut“, sagte Tina. (Beachte: Der Punkt beim Aussagesatz entfällt!)

Teste die Regel

So kannst du die **Nomen** aus deiner Wörterliste üben (siehe Seite **7**, Aufgabe 5):

a) Ordne die Nomen nach den Artikeln: der/die/das.

b) Schreibe die Mehrzahl der Nomen auf.

c) Bilde mit den Nomen lustige Sätze.

d) Bilde eine Wörterkette, z. B. HOSE – ELEFANT – T…
Fange mit Nomen aus deiner Liste an und suche dann neue Wörter.

1

Nomen (Namenwörter)

Nomen sind Namen für Menschen, Dinge oder Tiere.
Sie werden großgeschrieben. Nomen erkennst du daran, dass sie einen Artikel (Begleiter) haben.
Die bestimmten Artikel heißen: der, die, das.
Die unbestimmten Artikel heißen: ein, eine.
Nomen kannst du oft in die Mehrzahl setzen.

Beispiel

Einzahl: der Baum, ein Baum
Mehrzahl: die Bäume

Teste die Regel

Ergänze die Zeichen der wörtlichen Rede.

Was machst du heute fragte meine Freundin.
Ich antwortete Ich gehe ins Freibad
Susi fragte Gehst du jetzt mit mir ins Kino
Ich habe keine Zeit antwortete ihre Freundin Caroline.

[redacted]

2

Verben (Tunwörter)

Verben sagen, was Menschen, Tiere oder Dinge tun.
Sie werden kleingeschrieben.
Verben haben eine Grundform und eine Personalform.

Beispiel

Grundform: gehen
Personalform: ich gehe, du gehst, er/sie/es geht,
wir gehen, ihr geht, sie gehen.

Teste die Regel

Ergänze die Satzzeichen. Schreibe die Satzart dazu.

Hast du Lust, mit mir zu spielen__

______________________ [redacted]

Lea bekommt zum Geburtstag einen Ball__

______________________ [redacted]

Igitt, eine Spinne__

______________________ [redacted]

3

Vorsilben

Vorsilben sind Wortbausteine.
Du kannst damit die Bedeutung von Wörtern verändern.
Häufige Vorsilben sind ver-, vor-, ab-, aus-, ein-.
Merke dir:
Die Vorsilben ver- und vor- werden mit *v* geschrieben.

Beispiel

lesen: vorlesen
raten: verraten
messen: abmessen

Teste die Regel

Suche in diesen Sätzen das Dativ-Objekt.

Oli schenkt seinem Freund ein Buch.
Wem oder was? ______

Meine Oma strickt mir eine warme Mütze.
Wem oder was? ______

Susi leiht Tina einen Stift aus.
Wem oder was? ______

4

Zeitformen

Verben (Tunwörter) werden
in verschiedenen Zeitformen verwendet.
Was schon geschehen ist, ist Vergangenheit.
Was gerade passiert, ist Gegenwart.
Was noch geschehen wird, ist Zukunft.

Beispiel

Vergangenheit: Ich habe gelernt. *Oder:* Ich lernte.
Gegenwart: Ich lerne.
Zukunft: Ich werde lernen.

Teste die Regel

Suche in diesen Sätzen das Akkusativ-Objekt.

Sven hat ein rotes Auto.
Wen oder was? ______

Meine Mutter näht einen Knopf an.
Wen oder was? ______

Susi trinkt ein Glas Wasser.
Wen oder was? ______

22

Satzarten
Sätze, die etwas erzählen oder aussagen,
heißen Aussagesätze und enden mit einem Punkt . .
Sätze, mit denen etwas gefragt wird,
heißen Fragesätze und enden mit einem Fragezeichen ? .

Sätze, die einen Ausruf oder eine Aufforderung enthalten,
heißen Ausrufesätze oder Aufforderungssätze. Sie enden
mit einem Ausrufezeichen ! .

Teste die Regel
So kannst du die **Verben** aus deiner Wörterliste üben:

a) Schreibe die Verben in verschiedenen Personalformen auf.

ich, du, er/sie/es,
wir, ihr, sie

b) Bilde sinnvolle Sätze mit den Verben.

c) Setze die Verben ins Perfekt und ins Präteritum.

21

Dativ-Objekt (Ergänzung im Wem-Fall)
Das Satzglied, das auf die Frage Wem oder was? antwortet,
nennt man Dativ-Objekt (Ergänzung im Wem-Fall).

Beispiel
Lisa kauft ihrem Bruder ein Eis.
Wem kauft Lisa ein Eis? – ihrem Bruder

Teste die Regel
Setze Vorsilben vor das Verb *legen*.
Merkst du, wie sich die Bedeutung verändert?

ver- ein- aus- weg- ab-

legen

5

Präteritum (einfache Vergangenheitsform)
Um auszudrücken, dass etwas
in der Vergangenheit passiert ist,
kann man das Verb im Präteritum
(einfache Vergangenheitsform) verwenden.
Das Präteritum brauchst du oft,
wenn du über etwas Vergangenes schreibst.

Beispiel
lesen: ich las
lernen: wir lernten
gehen: er ging

Teste die Regel
Suche in diesen Sätzen das Prädikat.

Tom fährt mit dem Fahrrad zur Schule.
Was tut Tom? ____________

Meine Mutter näht einen Knopf an.
Was tut meine Mutter? ____________

Der Tisch steht im Esszimmer.
Was tut der Tisch? ____________

6

Perfekt (zusammengesetzte Vergangenheitsform)
Um auszudrücken, dass etwas
schon länger zurückliegt,
kann man das Verb im Perfekt
(zusammengesetzte Vergangenheit) verwenden.
Das Perfekt brauchst du oft, wenn du etwas Vergangenes
mündlich erzählst.

Beispiel
lesen: ich habe gelesen
lernen: du hast gelernt
gehen: er ist gegangen

Teste die Regel
Suche in diesen Sätzen das Subjekt.

Tom fährt mit dem Fahrrad zur Schule.
Wer? ____________

Meine Mutter näht einen Knopf an.
Wer? ____________

Der Tisch steht im Esszimmer.
Wer oder was? ____________

20

Akkusativ-Objekt (Ergänzung im Wen-Fall)
Das Satzglied, das auf die Frage Wen oder Was? antwortet, nennt man Akkusativ-Objekt (Ergänzung im Wen-Fall).

Beispiel
Anna isst einen Apfel.
Wen oder was isst Anna? – einen Apfel

Tom spült das Geschirr ab.
Wen oder was spült Tom ab? – das Geschirr

Teste die Regel
Verbinde die Sätze mit der richtigen Zeitform:

1) Vergangenheit 2) Gegenwart 3) Zukunft

a) In den letzten Ferien flogen wir nach Afrika.
b) Ich lese gerade ein Buch.
c) Gestern habe ich ein Eis gegessen.
d) Morgen werde ich meine Oma besuchen.

19

Prädikat (Satzaussage, Satzkern)
Das Satzglied, das auf die Frage Was tut? oder Was geschieht? antwortet, nennt man Prädikat (Satzaussage, Satzkern).
Das Prädikat kann einteilig oder zweiteilig sein.

Beispiel
Anna isst einen Apfel.
Was tut Anna? – isst (Grundform: essen)

Zweiteiliges Prädikat:
Thomas spült das Geschirr ab.
Was tut Thomas? – spült … ab (Grundform: abspülen)

Teste die Regel
Setze die Sätze in die einfache Vergangenheit.

Mein Onkel schickt mir eine Postkarte.
Ich fahre Fahrrad.

7

Adjektive (Wiewörter)

Adjektive beschreiben,
wie Menschen, Tiere oder Dinge sind.
Die meisten Adjektive kannst du steigern.
So kannst du vergleichen.

Beispiel

Grundform: weit
1. Vergleichsstufe: weiter
2. Vergleichsstufe: am weitesten

Teste die Regel

Stelle den folgenden Satz zweimal um.
Kreise dann jedes Satzglied einzeln ein.

Tom geht mit seinen Freunden gern ins Kino.

8

Wörter mit ie

Sprichst du in einem Wort das i lang,
schreibst du meistens ie.

Beispiel

Dieb
tief
sieben

Teste die Regel

So kannst du die Wörter aus deiner Liste üben:

a) Bilde bei den Nomen die Mehrzahl, bei den Verben die Grundform. Setze die Adjektive vor ein Nomen.

b) Bilde zu jedem Wort einen Unsinnssatz, z. B. Der Weg schreibt ein lustiges Bild.

c) Überlege dir zu jedem Wort ein Wörterrätsel, z. B. Mein Wort endet mit g. Die gesuchte Person hat eine Krone.

18

Subjekt (Satzgegenstand)
Das Satzglied, das auf die Frage Wer oder Was? antwortet, nennt man Subjekt (Satzgegenstand).

Beispiel
Eva kauft ein Buch in der Stadt.
Wer kauft ein Buch? – Eva.

Der Ball rollt ins Tor.
Was rollt ins Tor? – Der Ball.

Teste die Regel
Setze die Sätze in die zusammengesetzte Vergangenheit:

Mein Onkel schickt mir eine Postkarte.
Ich fahre Fahrrad.

[redacted]

17

Satzglieder
Ein Satz besteht aus einzelnen Wörtern.
Man kann diese Wörter umstellen.
Die Wörter, die beim Umstellen immer zusammenbleiben, bilden ein Satzglied.

Beispiel
Lisa | baut | mit ihrem Bruder | am Strand | eine Sandburg.

Tom | liest | im Bett | ein Buch.

Teste die Regel
So kannst du die **Adjektive** aus deiner Wörterliste üben:

a) Schreibe die Adjektive mit den Vergleichsstufen auf, z. B. groß – größer – am größten.
b) Bilde zu jedem Adjektiv einen Satz, z. B. Ich bin größer als meine kleine Schwester.
c) Suche passende Nomen zu deinen Adjektiven, z. B. die kleine, graue Katze.
d) Suche, wenn möglich, das Gegenteil zu den Adjektiven.

9

Wörter mit Dehnungs-h

Wird ein Vokal (Selbstlaut) lang gesprochen, folgt oft ein h.
Achtung: Das h hörst du beim Sprechen nicht.
Man nennt dieses stumme h Dehnungs-h.
Lerne die Wörter mit dem Dehnungs-h auswendig!

Beispiel

Sahne
Kohle
fehlen

Teste die Regel

So kannst du die **ß-Wörter** aus deiner Liste üben:

a) Schreibe die Nomen mit Artikel auf, die Verben in einer Personalform und die Adjektive mit den Vergleichsstufen.

b) Markiere jeweils den langen Vokal mit einem Strich.

c) Bilde zu jedem Wort einen Fragesatz, z. B.
Wer schließt die Tür?

10

Doppelte Konsonanten (Mitlaute)

Die Buchstaben a, e, i, o, u nennt man Vokale (Selbstlaute).
Alle anderen Buchstaben heißen Konsonanten (Mitlaute).
Nach einem kurzen Vokal folgen normalerweise mindestens zwei Konsonanten. Hörst du nach dem kurzen Vokal einen Konsonanten, musst du ihn doppelt schreiben.

Beispiel

Pfiff
klettern
flattern

Teste die Regel

So kannst du die **ss-Wörter** aus deiner Liste üben:

a) Schreibe die Nomen mit Artikel auf, die Verben in einer Personalform und die Adjektive mit den Vergleichsstufen.

b) Markiere jeweils den kurzen Vokal mit einem Punkt.

c) Schreibe eine kurze Geschichte, in der möglichst viele ss-Wörter vorkommen.

16

Wörter mit b/p, d/t, g/k

Damit du bei g/k, b/p und d/t hörst, wie das Wort am Ende geschrieben wird, musst du es verlängern.
Verlängere auch Verben, bei denen du entscheiden musst, ob du g oder k, b oder p, d oder t in der Mitte einsetzt.

Verlängere so:

Bilde bei Nomen die Mehrzahl: der Weg – die Wege.
Bilde bei Verben die Grundform: er stieg – steigen, er schreibt – schreiben.
Setze Adjektive vor ein Nomen: lustig – ein lustiges Buch.

Teste die Regel

So kannst du die **ie-Wörter** aus deiner Liste üben:

a) Schreibe die Nomen mit Artikel auf, die Verben in einer Personalform und die Adjektive mit den Vergleichsstufen.

b) Markiere jeweils den langen Vokal mit einem Strich.

c) Bilde Sätze, in denen möglichst viele ie-Wörter vorkommen.

15

Wörter mit ß

Das ß steht nach einem lang gesprochenen Vokal (Selbstlaut).
Beachte:
Nach den Doppellauten ei, eu, ie, au, äu steht auch oft ß.

Beispiel

Spaß
Soße
draußen

Teste die Regel

So kannst du die Wörter mit **Dehnungs-h** aus deiner Liste üben:

a) Schreibe die Nomen mit Artikel auf, die Verben in einer Personalform und die Adjektive mit den Vergleichsstufen.

b) Markiere jeweils den langen Vokal mit einem Strich.

c) Bilde zusammengesetzte Nomen mit den Wörtern aus deiner Liste, z. B. Zahnbürste.

11

Wörter mit tz

Das tz steht nach einem kurz gesprochenen Vokal (Selbstlaut).

Beispiel

kratzen
Witz
Mütze

Teste die Regel

Immer ein Wort gehört nicht zur Familie.
Streiche es durch.

-lieb-: die Liebe, verliebt, das Lied, lieblich

-ziel-: zielen, gezielt, die Zielgerade, die Ziege

-zahl-: die Zahl, zählen, bezahlbar, die Zahnbürste

12

Wörter mit ck

Das ck steht nach einem kurz gesprochenen Vokal.

Beispiel

Rock
Decke
Backe

Teste die Regel

So kannst du die **ck-Wörter** aus deiner Liste üben:

a) Schreibe die Nomen mit Artikel auf, die Verben in einer Personalform und die Adjektive mit den Vergleichsstufen.

b) Markiere jeweils den kurzen Vokal mit einem Punkt.

c) Suche verwandte Wörter aus der Wortfamilie, z. B. Decke – zudecken – Picknickdecke …

14

Wörter mit ss

Das ss steht nach einem kurz gesprochenen Vokal (Selbstlaut).

Beispiel

messen
lassen
wissen

Teste die Regel

So kannst du die **Wörter mit doppelten Konsonanten** aus deiner Liste üben:

a) Schreibe die Nomen mit Artikel auf, die Verben in einer Personalform und die Adjektive mit den Vergleichsstufen.

b) Markiere jeweils den kurzen Vokal mit einem Punkt.

c) Suche, wenn möglich, Reimwörter, z. B. summen – brummen.

13

Wortfamilie

Verwandte Wörter gehören zu einer Wortfamilie.
Die Verwandtschaft erkennst du am Wortstamm:
Alle Wörter mit gleichem Wortstamm gehören zu einer Wortfamilie.

Beispiel

Wortstamm: -fahr-
Wörter aus dieser Wortfamilie:
fahren, abfahren, der Fahrer, die Fahrt, die Autofahrt …

Teste die Regel

So kannst du die **tz-Wörter** aus deiner Liste üben:

a) Schreibe die Nomen mit Artikel auf, die Verben in einer Personalform und die Adjektive mit den Vergleichsstufen.

b) Markiere jeweils den kurzen Vokal mit einem Punkt.

c) Ordne deine tz-Wörter nach dem Alphabet.

Knobelspaß

3./4. Klasse

Die Erde – unser Blauer Planet

Wusstest du schon, dass …

… die Erde vom Weltraum aus betrachtet als bläulich schimmernde Kugel erscheint? Zu einem großen Teil ist die Erdoberfläche mit Wasser bedeckt. Deshalb nennt man die Erde auch den „Blauen Planeten“. Sie ist der einzige Planet unseres Sonnensystems, auf dem Leben existiert.

1 a) Ordne die fünf Kontinente der Erde der Größe nach. Beginne mit dem größten Kontinent.

Europa ist weder der kleinste noch der größte Kontinent.
Amerika und Australien sind kleiner als Asien.
Afrika ist kleiner als Amerika, aber größer als Europa.

1 ______________ 4 ______________

2 ______________ 5 ______________

3 ______________

b) Schlage die Kontinente in einem Atlas nach. Findest du sie alle? Du kannst dir von einem Erwachsenen helfen lassen.

2 Der Umfang der Erde beträgt 40 000 km. Stell dir vor, Konfetti würde einmal um die Erde laufen, ohne ein Pause zu machen. Wie lange wäre er insgesamt unterwegs, wenn er je Stunde 5 km zurücklegt? Runde geschickt und rechne im Heft.

Er wäre ______ Stunden unterwegs.

Das sind ungefähr ______ Tage.

3 Finde die drei Expertenwörter heraus, die dir den Aufbau unserer Erde erklären. Achte genau auf die Fingerstellung im Bild.

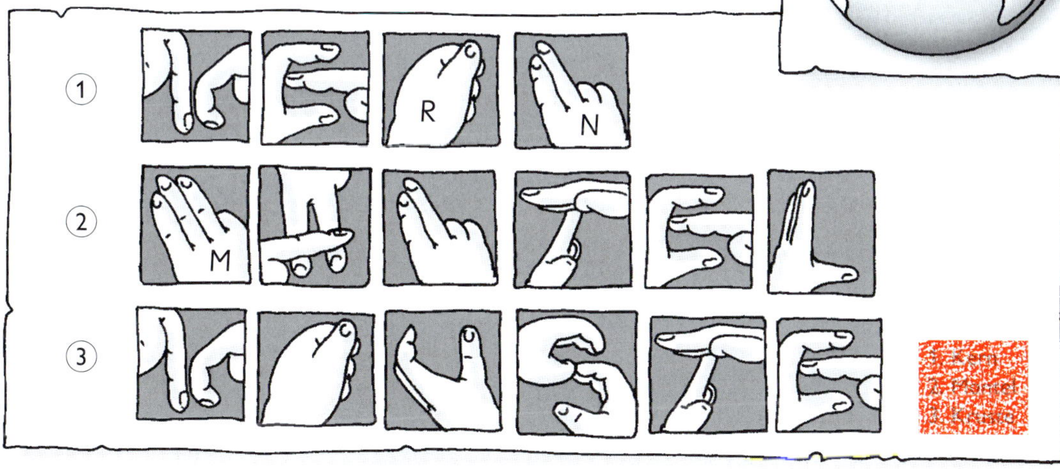

4 Ergänze den Lückentext mithilfe der Wörter in Aufgabe 3. Bringe den Text in eine logisch richtige Reihenfolge. Nummeriere von 1–4.

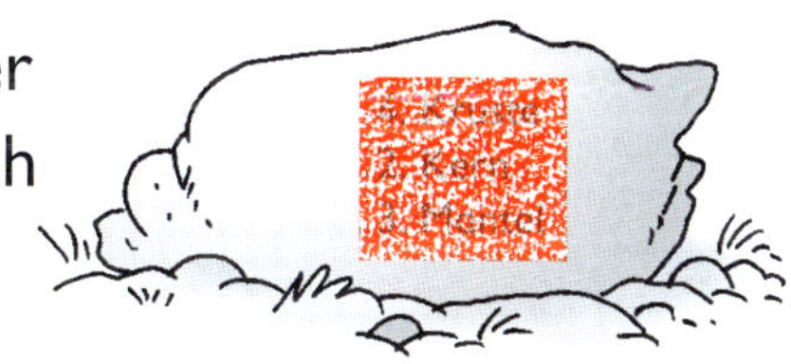

☐ Nach außen wird die Erde von der bis zu 40 km dicken ______ ______ aus festem Gesteln begrenzt.

☐ Im Inneren der Erde liegt der ______________,
welcher von der Erdoberfläche etwa 6 800 km entfernt ist.

1 Die Erde ist aus mehreren Gesteinsschalen aufgebaut.

☐ Umgeben wird der Kern von einem ______ ______. Er ist aus heißem, zähflüssigen Magma und fast 3 000 km dick.

5 Die Erde dreht sich in einem Tag um sich selbst. Sie braucht 365 Tage, um die Sonne zu umkreisen. Wie oft dreht sich die Erde in einem Jahr um sich selbst?

Fußball und Co

1 Welche Ballsportarten erkennst du? Schreibe sie auf.
Die blauen Kästchen verraten dir Karlos Lieblingssport.

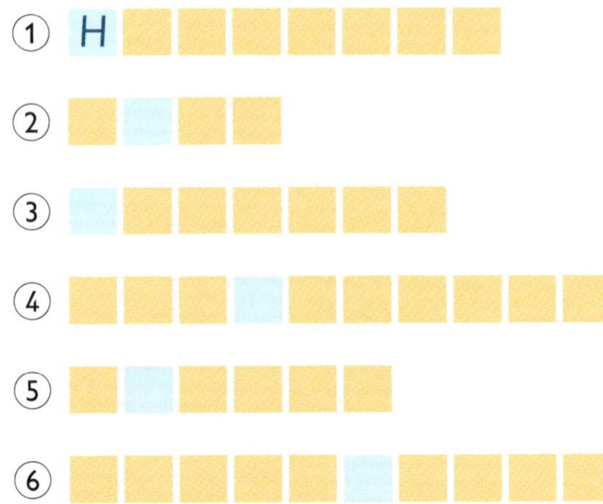

[redacted]

Lösungswort: H

2 Wie viele Tore haben Tim und Max jeweils geschossen?

[redacted]

Tim: _____ Tore

Max: _____ Tore

3 Ersetze von Zeile zu Zeile einen Buchstaben so, dass wieder ein neues sinnvolles Wort entsteht.

B	A	L	L
F			
H	E	L	D

T	O	R
R	O	T

4 Trage die Zahlen von 1 bis 11 in die Bälle ein.
Tipp: Jeweils 3 Ziffern auf einer Linie ergeben zusammen 18.

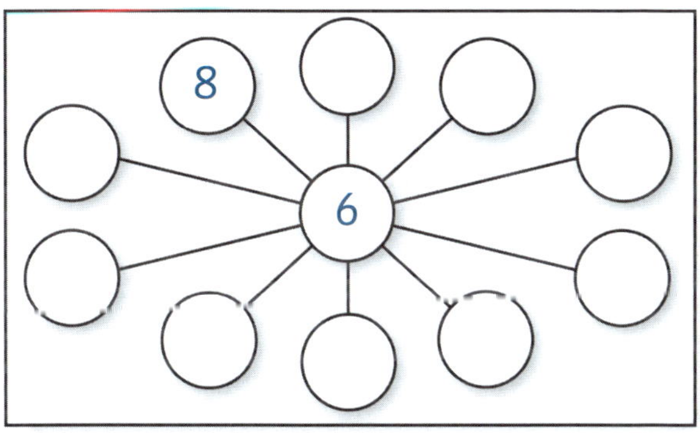

5 Beim Elfmeterschießen trifft Uli mehr Tore als Lars, aber weniger als Lasse. Tom zielt besser als Uli. Leo trifft öfter als Lasse und belegt damit Platz 2. Keine zwei Jungs treffen gleich oft das Tor. Wer erzielt die meisten Tore? Erstelle eine Rangliste.

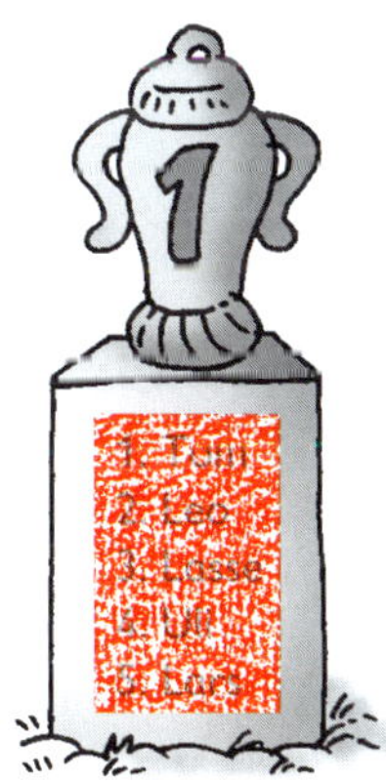

Am See

1 Welche Vögel sind hier gemeint?
Immer zwei Bilder ergeben ein Wort.
Setze sie richtig zusammen.

2 Welche Tiere leben noch am See? Schreibe sie mit ihrem Begleiter auf. *Tipp*: Hier sind die Selbstlaute vertauscht.

3 Schaffst du es, die Wörterkette fortzusetzen?
Aufgepasst: Das Grundwort wird zum Bestimmungswort.

Stockente – Ententeich –

[redacted]

4 Schau dir die Vogeleier genau an und merke dir, welcher Buchstabe für welche Zahl steht. Decke nun die Eier ab und rechne die Aufgaben.

a) A + B = ______

b) A + A = ______

c) E – ______ = C

d) AC – AA = ______

e) AC – B = ______

f) E – D – ______ = A

5 a) Welches Zahlenmuster entdeckst du in den Teichmuscheln?

____

____

[redacted]

b) Male jeweils die beiden Teichmuscheln, die zusammengehören, in derselben Farbe aus.

[redacted]

c) Subtrahiere bei einem Muschelpaar jeweils die kleinere Zahl von der größeren. Was fällt dir auf? Schreibe in dein Heft.

[redacted]

Mach mit!

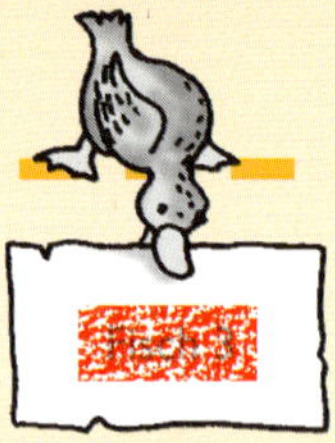

► Welchen Fisch fängt der Haubentaucher?
Folge den Linien nur mit deinen Augen.

► Die abgebildeten Pflanzen wachsen auf einer Wiese.
Versuche mithilfe eines Bestimmungsbuches den Namen
der fünf Wiesenblumen zu bestimmen.
Tipp: Achte besonders auf die Blütenfarbe und -form.